Elin Hägg

SEX

Mit nackten Tatsachen durch unsere Kulturgeschichte

Aus dem Schwedischen
übersetzt von Katharina Erben

Klett Kinderbuch

Dachte meine Ururgroßmutter wirklich an Sex?

In diesem Buch geht es um Sex. Es geht weniger um Biologie und mehr um singende Vulven, Feigenblätter, Pornokinos und Nonnen, die Penisse von Bäumen pflücken. Es geht auch um ernste Sachen wie Jungfräulichkeitstests, Krankheiten, Hexenverbrennung und Rassentheorien.

Dieses Buch will am Beispiel der europäischen Geschichte zeigen, dass manche Dinge, die uns heute in Bezug auf Sex ganz natürlich vorkommen, in Wirklichkeit die Folge mehrerer tausend Jahre menschlicher Gedanken, Ideen, Hoffnungen und Gefühle sind. Sie sind aber auch Folge von Gesetzen, religiösen Überzeugungen, Politik und wirtschaftlichen Interessen.

Viele stellen sich die Geschichte wie ein Kurvendiagramm vor, in dem die Kurve nach oben verläuft und es so aussieht, als würden wir Menschen immer sensibler, klüger und toleranter werden.

Häufig denkt man, dass die Menschen früher verklemmt waren und nichts über Sex wussten. In diesem Buch wollen wir uns jedoch anschauen, wie sich unsere Sicht auf Sex im Laufe der Zeit verändert hat. Und wir wollen zeigen, dass Menschen sich schon immer mit Sex beschäftigt haben. Sex weckt unsere Neugierde, bringt uns zum Nachdenken und manchmal machen wir uns Sorgen darüber, obwohl es uns Spaß macht. Darum haben die Menschen versucht, den Umgang damit zu kontrollieren — solange es uns gibt. Die unterschiedlichen Meinungen über Sex hingen davon ab, wo und wann die Menschen lebten und ob sie arm oder reich waren.

Manche meinen auch, dass wir immer mehr „sexualisiert" werden und dass Sex in unserem Leben und in unserer Gesellschaft einen größeren Raum einnimmt als früher. Auch das ist nicht unbedingt richtig.

Wir sind von mehr und mehr Bildern, Filmen und Eindrücken umgeben, und Sex bedeutet heute etwas anderes als vor tausend Jahren. Das heißt aber nicht, dass unsere Zeit sich stärker um Sex dreht oder dass die Menschen heute mehr über Sex nachdenken als in der Vergangenheit.
Junge Menschen damals waren genauso neugierig (oder eben nicht neugierig) auf Sex wie junge Menschen heute. Allerdings galten oft die Gedanken und Ansichten der einfachen Leute über Sex als zu gefährlich oder unangemessen, sodass sie nicht niedergeschrieben und überliefert wurden.

Anne Frank (1929-1945) war ein jüdisches Mädchen, das Tagebuch führte, während sie sich im Zweiten Weltkrieg vor den Nazis versteckte. Sie schrieb unter anderem über Sex, zum Beispiel wie sie die Brüste einer Freundin berührte, und notierte ein paar schmutzige Witze. Als das Tagebuch nach dem Krieg veröffentlicht wurde, ließ man diese Teile weg, weil sie nicht in das Bild passten, wie ein junges Mädchen zu sein hatte.

Sex:

Das Wort „Sex" gibt es in vielen europäischen Sprachen und in unterschiedlichen Schreibweisen. Zu uns gelangte es durch die englische Sprache, die das Wort vermutlich vom lateinischen *sexualis* und französischen *sexuel* ableitet Ursprünglich bezog es sich auf das Geschlecht (also das männliche und weibliche Geschlecht). Aber ab dem 19. und 20. Jahrhundert bezeichnete der Begriff auch die Handlung (Sex haben oder der Sexualakt) und wurde um Wörter wie „Sexualität", „sexuell", „Sexualtrieb" und „sexy" ergänzt.

Was ist Sex?

Oft verstehen wir Sex als etwas, das Menschen tun, aber es kann auch um viele andere Dinge gehen. Heute sprechen wir zum Beispiel über Sexualität als etwas, das Menschen haben. Aber das war nicht immer so. In diesem Buch geht es um einen sehr weit gefassten Begriff von Sex und es wird untersucht, wie die Menschen sich dazu verhalten haben — also welche Vorstellungen sie zum Beispiel von Geschlecht, nackten Körpern, der Entstehung von Kindern oder Weiblichkeit und Männlichkeit hatten. Manchmal geht es auch um Sex als etwas, das Menschen tun, aber oft um mehr als das.

Dieses Buch ist kein umfassender Bericht über die Weltgeschichte der Sexualität – ganz im Gegenteil. Es geht hier speziell um die Geschichte der westlichen Gesellschaften, mit Schwerpunkt Europa. Und um die Normen, die das Leben dort beeinflusst haben.

Anhand von Beispielen aus der Forschung, alten Büchern, Filmen, Kunstwerken, Mythen und Geschichten will dieses Buch zeigen, wie sich in Europa eine Gesellschaft entwickelt hat, die schon immer stark mit unseren Vorstellungen von Sex, Körper, Geschlecht und Macht verknüpft ist.

Normen:

Normen sind ungeschriebene Regeln, nach denen wir Menschen leben. Das können Erwartungen daran sein, wie wir aussehen, uns verhalten und miteinander umgehen sollen. Wenn eine Person sich anders verhält, verstößt sie gegen die Norm. Der Bruch mit der Norm erscheint vielleicht als etwas völlig Neuartiges, weil man denkt, die Norm sei der natürliche Zustand. Aber Normen unterscheiden sich von Gesellschaft zu Gesellschaft und verändern sich im Laufe der Zeit.

Tabu:

Ein Tabu ist etwas Falsches oder Verbotenes, also etwas, das wir vermeiden sollten. Genau wie Normen ändern sich auch Tabus im Laufe der Zeit, und bei unterschiedlichen Gruppen von Menschen gibt es unterschiedliche Tabus. Heutzutage ist es zum Beispiel tabu, unbekleidet ins Fitnessstudio zu gehen, aber in der Antike war es völlig normal, nackt zu trainieren.

Sich ganz besonders liebhaben

Manche Dinge in diesem Buch sind uns beim Lesen vielleicht peinlich, und auch das zeigt, dass es für das Sprechen über Sex heute bestimmte Normen gibt.

Viele Erwachsene kichern, wenn sie ein Wort wie „Penis" hören, oder werden rot, wenn man sie fragt, wie Babys gemacht werden.

In der Vergangenheit war über Sex zu sprechen oft tabu, weshalb die Menschen Vergleiche benutzten, wenn es zum Beispiel um Geschlechtsteile ging. Manchmal kann es schwierig sein zu verstehen, was überhaupt gemeint ist.

In den USA war es lange streng verboten, in Filmen Sexszenen zu zeigen. Der Regisseur Alfred Hitchcock (1899-1980) machte sich gern darüber lustig. So wie in dem Film *Der unsichtbare Dritte (North by Northwest,* 1959), wo auf eine Szene mit einem küssenden Paar eine mit einem Zug folgt, der in einen Tunnel fährt. Dem Publikum soll so symbolisch rübergebracht werden, dass ein Penis in eine Scheide hinein gleitet und die beiden Filmfiguren also Sex haben.

Die Sprache, wie auch die Forschung, ist durch die Zeit geprägt, in der wir leben. Sie ändert sich zusammen mit der Wahrnehmung der Dinge — in diesem Fall also mit der Wahrnehmung von Sex. Da sich dieses Buch mit der Vergangenheit befasst, werden hier manchmal Wörter verwendet, von denen manche meinen, wir sollten sie nicht mehr benutzen. Beispielweise wurde in der Vergangenheit Penetration so beschrieben, dass ein Penis in eine Vagina eindringt. Wobei man es ja auch so sehen könnte, dass die Vagina den Penis aktiv umschließt. Aber historische Begriffe waren zu ihrer

Zeit wichtig und durch diese Worte können wir die damalige Zeit und die damalige Einstellung zu Sex besser verstehen.

Penis und Vulva

Viele Menschen wissen nicht so recht, wie sie die Geschlechtsteile nennen sollen, vor allem für das weibliche fehlt ihnen ein Wort. Manche Leute sagen dazu beispielsweise „Muschi", während andere dieses Wort unfein, albern oder beleidigend finden. Auch wie die Geschlechtsteile von Kindern bezeichnet werden sollen, ist nicht so richtig klar.

Es war keine leichte Entscheidung, aber in diesem Buch werde ich das weibliche Geschlechtsorgan als Vulva bezeichnen (hauptsächlich geht es um die äußeren Teile, auf die inneren Teile und ihre Namen werden wir noch zurückkommen) und das männliche als Penis (hauptsächlich geht es nämlich um den Penis, obwohl die Hoden manchmal auch dazugehören).

Viele der heutigen Normen haben damit zu tun, dass es uns Menschen früher sehr wichtig erschien, Leute in die Kategorien „männlich" und „weiblich" einzuteilen. Es wurde davon ausgegangen, Männer seien Menschen mit Penis und Frauen Menschen mit Vulva. Eine verbreitete Norm besagt, dass Männer und Frauen unterschiedliche gesellschaftliche Rollen einnehmen, unterschiedlich aussehen und sich unterschiedlich verhalten. Dieses Buch möchte anhand von Beispielen zeigen, dass diese Norm, wie viele andere Normen auch, im Laufe der Zeit entstanden ist. Sie ist veränderbar und nicht so selbstverständlich, wie wir vielleicht denken.

Bevor die Menschen ihre Geschichte aufzeichneten

Vor ca. 45.000 Jahren – etwa 700 Jahre vor unserer Zeitrechnung (v. u. Z.)

Geschlechter faszinieren die Menschen, Frauen und Männer bekommen unterschiedliche Aufgaben und es wird wichtig, wer mit wem Sex hat.

Die ersten Menschen unserer Art, *Homo sapiens,* wanderten vor etwa 45.000 Jahren ins heutige Europa ein. Sie lebten gewöhnlich in Gruppen von etwa vierzig Personen — manchmal waren es auch mehr, manchmal weniger. Sie zogen dorthin, wo es Nahrung zu sammeln oder zu jagen gab.

Viele Generationen lang organisierten die Menschen ihr Zusammenleben auf eine Weise und bis zum 19. Jahrhundert war dies die Norm: Ältere Menschen, die sich weniger gut bewegen konnten, kümmerten sich um die Kinder, während die Jungen und Gesunden für das Essen sorgten.

In den verschiedenen Gruppen gab es bestimmt unterschiedliche Regeln, das lässt sich heute nur schwer sagen, aber einige Forscherinnen und Forscher nehmen an, dass die Menschen weniger Sex-Tabus hatten als wir heute.

Auch wissen wir nicht, ob die Frauen und Männer damals unterschiedliche Aufgaben hatten, aber die Forschung glaubt, dass die Geschlechter gleichgestellter waren als in späteren Gesellschaften.

Mit der DNA-Analyse ließ sich zeigen, dass es in Bezug auf Sex einige Normen gab, weil die DNA der Menschen verrät, wer mit wem Kinder hatte. So gab es in den meisten Gruppen offenbar ein Inzest-Tabu. Das bedeutet, dass Menschen, die eng miteinander verwandt sind, keinen Sex miteinander haben oder Kinder zeugen sollen.

Mithilfe von DNA-Tests konnte man auch nachweisen, dass einige *Homo sapiens* Kinder mit Neandertalerinnen und Neandertalern hatten. Allerdings scheint das eher selten vorgekommen zu sein und deutet also darauf hin, dass Sex mit anderen Menschenarten tabu war. Wir können auch nicht wissen, ob Sex mit Neandertalerinnen und Neandertalern, oder überhaupt Sex, von allen Beteiligten gewollt war, oder ob wir es heute möglicherweise eher für Missbrauch und Vergewaltigung halten würden.

Vergewaltigung:
Wenn jemand gegen den Willen einer Person Sex mit ihr hat.

Wir wissen eigentlich nichts darüber, was in diesen Menschen vorging, denn die Schriftsprache war noch nicht erfunden. Aber anhand der Gegenstände, die sie hinterließen, können wir erahnen, wie sie die Welt und sich selbst gesehen haben könnten.

Vulven im Zentrum ...

Geschlechtsorgane scheinen die Menschen in prähistorischen Zeiten offenbar sehr interessiert zu haben. Und im Gegensatz zu den folgenden Jahrtausenden ging es dabei hauptsächlich um Vulven. Es sind viele steinerne Abbildungen von der Vulva erhalten.

Weil sich die Darstellungen auf die Vulva konzentrieren und nicht etwa auf das Gesicht, glauben einige Forscherinnen und Forscher, dass die Vulva symbolisch für Geburt und Leben stand. Vielleicht wollte man Göttinnen darstellen, da viele Mythen und Religionen jener Zeit sich eine „Mutter Erde" vorstellten, und die Vulva symbolisierte den Ursprung allen Lebens.

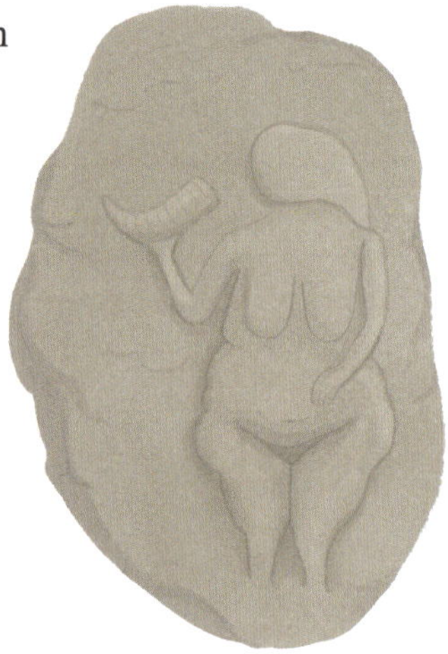

... und Penisse zum Abmachen

Penisförmige Steinobjekte waren auch weit verbreitet und werden von einigen Forscherinnen und Forschern als religiöse Objekte gedeutet. Manche halten sie für Sexspielzeuge, andere für Werkzeuge, die nur zufällig wie Penisse aussehen.

Die Venus von Willendorf ist eine berühmte Darstellung eines Menschen mit großen Brüsten und Schenkeln, großem Gesäß und Bauch und einer großen Vulva. Diese Art von kleinen Figuren war vor etwa 25.000 Jahren sehr beliebt. Eine mögliche Erklärung für diese Objekte ist, dass sie vielleicht eine Göttin oder Urmutter darstellen. Manche halten sie für Pornografie, andere wiederum für Selbstporträts.

Austausch:

Obwohl die Menschen in kleinen Gruppen umherzogen, trafen sie sich manchmal mit anderen Gruppen an besonderen Orten, zum Beispiel in großen Höhlen. Dort tauschten sie Erfahrungen und Dinge aus und hatten wahrscheinlich auch Sex miteinander. Viele dieser Bilder und Gegenstände wurden an solchen Orten gefunden.

Die Menschen werden sesshaft

Mit der Zeit ließen sich immer mehr Menschen nieder, bauten Getreide an und hielten Tiere. Dies geschah an unterschiedlichen Orten und zu verschiedenen Zeiten, aber im Allgemeinen erfolgte die sogenannte landwirtschaftliche Revolution in großen Teilen Europas vor etwa 5.000 Jahren.

Laut der Wissenschaft bedeutete dies, dass die Menschen im Gegensatz zu ihrer Zeit als Jäger und Sammler eine klarere Trennung zwischen männlichen und weiblichen Aufgaben einführten. Die Frauen übernahmen die Verantwortung fürs Mahlen oder Melken sowie Arbeiten, die mit dem Haus verbunden waren, während Jagd und Ackerbau Aufgabe der Männer war.

Als die Menschen sesshaft wurden, konnten sie mehr Dinge bei sich behalten. Dies führte dazu, dass einige mehr, andere weniger besaßen. Oft bekam eine einzelne Person die Macht und Hauptverantwortung für einen Hof, auch wenn dort viele Menschen zusammenlebten. Diese Person war vielleicht das Oberhaupt, während andere Sklavinnen und Sklaven oder Dienerinnen und Diener waren.

Eigentum und Erbe

Es gibt die Theorie, dass durch diese neuen Machtpositionen das Erbe wichtiger wurde, weil die Kinder beim Tod ihrer Eltern das Eigentum übernahmen. Deshalb wurde es wichtig zu wissen, wer wessen Kind war.

In sogenannten matrilinearen Gesellschaften, in denen Dinge von Mutter zu Tochter weitergegeben werden, war es leicht zu wissen, welches Kind zu welcher Mutter gehörte.

In patrilinearen Gesellschaften, in denen das Erbe vom Vater an den Sohn weitergegeben wird, war es viel schwieriger nachzuweisen, wer der Vater eines Kindes war.

Eine Möglichkeit, Ordnung zu schaffen, war die Ehe — also eine klare Vereinbarung, dass ein Mann und eine Frau nur miteinander Sex haben durften.

Obwohl einige Wissenschaftlerinnen und Wissenschaftler meinen, dass es zu dieser Zeit in Europa matrilineare Gesellschaften gab, war es üblich, dass Höfe und Ländereien vom Vater an den Sohn vererbt wurden. Die Töchter hingegen mussten einen Mann heiraten und auf dessen Hof ziehen.

Indem Menschen aus verschiedenen Gruppen heirateten, wurden Bündnisse geschmiedet und geschäftliche Vereinbarungen getroffen. Die Ehe wurde also zu einem wichtigen Bestandteil der gesellschaftlichen Ordnung.

Eine Region, in der dies große Bedeutung hatte, war das antike Griechenland – und dorthin werden wir uns im nächsten Kapitel begeben.

Die Antike

Etwa 700 Jahre – 500 Jahre v. u. Z.

Freie Männer regieren, Penisse werden gefeiert, Jungfräulichkeit wird mit einem Sieb getestet und Frauen müssen Sex haben, damit sie nicht hysterisch werden.

Im Mittelmeerraum entwickelten sich im Laufe der Zeit mehrere große und wohlhabende Gesellschaften, darunter Städte wie das griechische Athen und Rom in Italien.

Die Antike wird manchmal als Wiege der westlichen Welt bezeichnet. Es heißt, in dieser Epoche wurde der Grundstein für das gelegt, was heute als typisch westlich gilt. Die Antike hat uns in vielen Bereichen beeinflusst, von Architektur, Philosophie und Kunst bis hin zu Politik, Wirtschaft und Sport.

Zu dieser Zeit war Sex ein großer und wichtiger Lebensbereich und die vielen Göttinnen und Götter der Griechen und Römer hatten jede Menge Sex — miteinander und mit Menschen.

Wir wissen viel über die Epoche der Antike, da damals viele Menschen, hauptsächlich Männer, ihre Gedanken und Überlegungen niederschrieben.

Wörter:

Viele unserer heutigen Wörter, die mit Sex zu tun haben, haben ihren Ursprung im antiken Griechenland. Beispielsweise stammt das Wort „Erotik" vom griechischen Gott Eros. Die Dichterin Sappho (etwa 630 – 570 v. u. Z.) schrieb Gedichte über die Liebe zwischen Frauen. Sie lebte auf der griechischen Insel Lesbos; daher kommt das Wort „lesbisch" für homosexuelle Frauen.

Der Mann hat das Sagen

Hauptaufgabe der Töchter war es, mit einem Mann verheiratet zu werden, den ihre Väter für geeignet hielten. Oft kam diese Person aus einer Familie, mit der man Geschäfte machen oder eine Allianz schmieden wollte.

Der Vater musste einer Heirat zustimmen, damit sie gültig war, und ein Großteil der Hochzeitszeremonie bestand in der Überführung der Tochter vom Haus ihres Vaters in das ihres Mannes.

Wie auch bei seinem sonstigen Besitz war es wichtig, dass der Mann sich um seine Frau kümmerte und sie versorgte. Sein Ruf und seine Ehre hingen davon ab.

Die Ilias, ein von Homer (700 Jahre v. u. Z.) geschriebenes Buch in Gedichtform, war das große literarische Werk des antiken Griechenlands. Es handelt von der Wut einiger Männer über die Entführung von Frauen. Denn sie sind der Meinung, die Frauen gehörten ihnen. Durch den Raub verloren die Männer ihre Ehre, und um sie wiederzuerlangen, müssen sie die Frauen zurückerobern – was sie durch Kämpfe und Schlachten zu erreichen versuchen.

Wer penetriert hier wen?

Von Männern ebenso wie von Frauen hieß es in dieser Zeit, dass sie große Lust auf Sex hätten. Aber der Fokus lag meistens auf dem Penis und was die Person mit dem Penis machte.

Die Penetration war dabei sehr wichtig. Sie galt als etwas, das ein freier Mann mit einer Person tat, die ihm in Bezug auf Macht und Status untergeordnet war. Es wurde auch viel Aufmerksamkeit darauf gelegt, wer von wem penetriert wurde.

Penetration:

Penetrieren bedeutet so viel wie „eindringen" und meint oft, dass ein Penis zum Beispiel in eine Scheide oder eine Analöffnung eingeführt wird.

Derjenige, der die andere Person penetrierte, galt als hochrangig, während der oder die Penetrierte als untergeordnet angesehen wurde. Für den Status des Mannes spielte es keine Rolle, ob er seine Ehefrau, eine Sklavin, eine Dienerin oder einen jungen Mann penetrierte, denn es ging um Macht.

Päderastie

Päderastie war im antiken Griechenland ein Brauch, bei dem ein verheirateter Mann (der alt genug war, um sich einen Bart wachsen zu lassen) Mentor eines jungen Mannes wurde (der die Pubertät erreicht, aber noch keinen Bartwuchs hatte).

Aufgabe des älteren Mannes war es, den jüngeren zu erziehen und ihm richtiges Verhalten beizubringen. Dazu gehörte auch, dass der ältere Mann Sex mit dem jüngeren hatte.

Die Antike wurde manchmal als freizügig beschrieben, weil Sex zwischen Männern in diesem Zusammenhang erlaubt war. Das galt aber nur für ältere Männer, die Analsex mit jüngeren hatten. In diesen Beziehungen ging es hauptsächlich um Macht, und zwei erwachsene Männer mit Bartwuchs durften keine Liebesbeziehung oder Sex miteinander haben. Das war ein Tabu und streng verboten.

Der männliche Körper

Der junge männliche Körper wurde in der Antike gefeiert. Der perfekte Mann sollte sportlich sein, mit klar definierten, aber nicht zu großen Muskeln. Der Penis sollte klein und schlaff sein, denn daran zeigte sich die Selbstdisziplin eines Mannes — nur Barbaren, Wahnsinnige und einige Götter wurden mit großen Penissen dargestellt.

Der Penis

Da der Penis in der Antike wichtig war, gab es überall Abbildungen von ihm. Man fand sie an Türen, an Hauswänden, als Schmuck und als Windspiel.

Was genau sie bedeuteten, wissen wir nicht, aber vermutlich waren sie Schutzsymbole und Glücksbringer.

Beschützer der Gärten war der Halbgott Priapus. Statuen von ihm — Vorläufer der heutigen Gartenzwerge — und seinem großen Penis wurden oft gut sichtbar im Garten aufgestellt.

Hysterische Frauen

Es war Frauen nicht verboten, Sex mit anderen Frauen zu haben. Aber es wurde als wichtig angesehen, dass sie manchmal Sex mit Männern hatten – wegen des Penis.

Viele glaubten nämlich, dass Frauen, deren Scheide nicht von einem Penis penetriert wurde, eine Krankheit namens Hysterie bekommen konnten. Bei dieser gefährlichen Krankheit schwammen angeblich die inneren Geschlechtsorgane der Frau in ihrem Körper frei herum und trieben sie in den Wahnsinn. Daher wurde von Frauen erwartet, ein gesundes Maß an Sex zu haben (zu viel Sex konnte ebenfalls zu Hysterie führen). Und wenn verheiratete Frauen längere Zeit allein zu Hause waren, sollten sie mit einem künstlichen Penis (Dildo) masturbieren.

Selbstbefriedigung:

Masturbation oder Onanie bedeutet im Großen und Ganzen, dass man Sex mit sich selbst hat. Eine Person berührt also ihren Körper und/oder ihr Geschlecht zu ihrem eigenen sexuellen Vergnügen.

Ein Olisbos war eine Art antiker Lederdildo. Wie wir in den vorherigen Kapiteln gesehen haben, stellen Menschen schon seit Urzeiten penisförmige Gegenstände her. Aber dass sie zur Selbstbefriedigung verwendet wurden, lässt sich erst seit der Antike nachweisen. Frauen benutzten Olisboi zum Masturbieren, wenn ihre Ehemänner fort waren, zum Beispiel im Krieg.

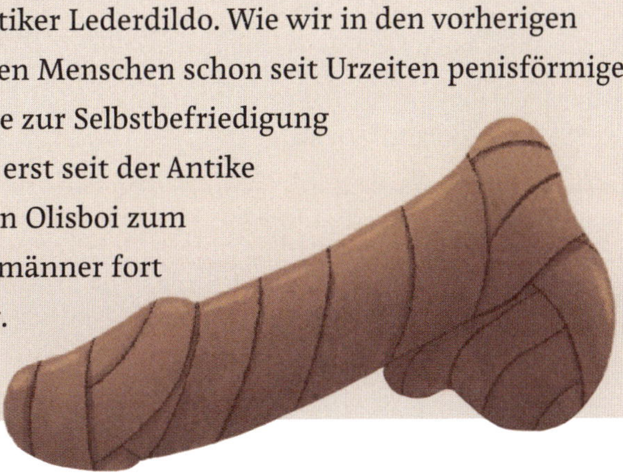

Die Vestalinnen

Für Frauen war es im Allgemeinen sehr wichtig, zurückhaltend zu sein und ihrem Vater oder Ehemann zu gehorchen. Außerdem kam in der Antike die Idee auf, dass Frauen, die nie Sex hatten, etwas Besseres waren.

Die Vestalinnen waren eine Gruppe von Priesterinnen im alten Rom. Sie waren dafür verantwortlich, dass in ihrem Tempel Tag und Nacht ein Feuer zum Schutz von Haus und Familie brannte.

Die Vestalinnen hatten ein Keuschheitsgelübde abgelegt, das heißt ein Versprechen, niemals Sex zu haben. Hatten sie doch Sex, so glaubten einige Kaiser, konnte dies den Untergang des gesamten Reiches bedeuten.

Um zu prüfen, ob eine Vestalin Sex gehabt hatte, musste sie Wasser in einem Sieb tragen. Wenn das Sieb das Wasser hielt, galt das als Beweis für ihre Jungfräulichkeit. Wenn das Wasser hindurchlief, wurde sie zur Strafe lebendig begraben.

Mit dem Untergang des Großrömischen Reiches im 4. Jahrhundert ging die Epoche der Antike zu Ende. Aber die Idee, dass Frauen, die keinen Sex hatten, etwas Besonderes waren, existierte als Ideal weiter und erlebte besonders in der nächsten Epoche eine wahre Blütezeit: im Mittelalter.

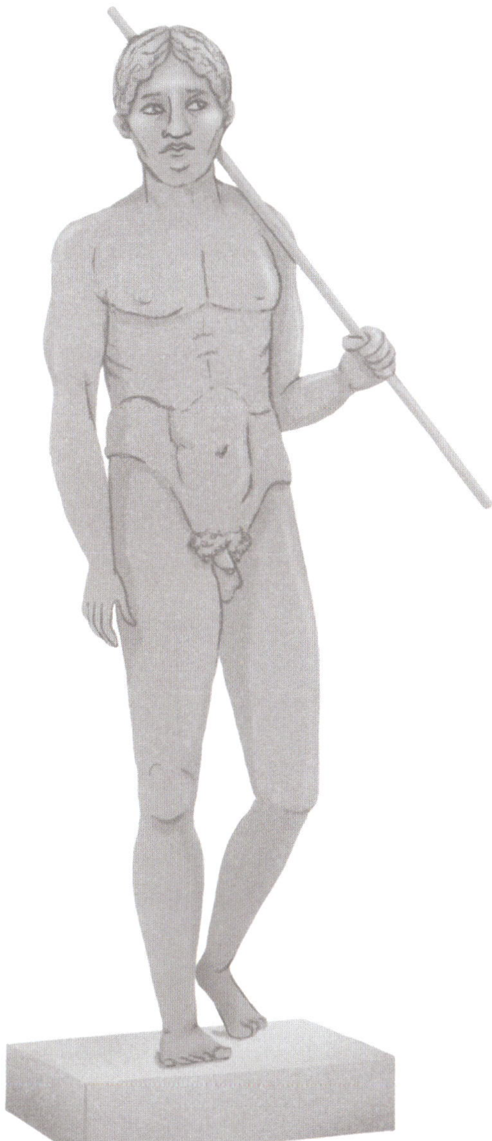

Das Mittelalter

Etwa 500 Jahre v. u. Z. – 15. Jahrhundert

Sex wird zur Sünde, Jungfräulichkeit wird gefeiert,
Ritter schmachten und Vulven singen.

Im Mittelalter wurde das Christentum zur wichtigsten Religion in Europa. Die Kirche gewann so an Macht und Einfluss auf das Leben der Menschen. Statt mehrerer Gottheiten sollten die Menschen nur noch einen Gott haben. Im Gegensatz zu den Gottheiten im antiken Griechenland und in vielen anderen vorchristlichen Religionen hatte dieser niemals Sex.

Die Schöpfungsgeschichte

Das Christentum (ebenso wie das Judentum und der Islam) geht davon aus, dass Gott den ersten Menschen erschuf und ihn Adam nannte. Da Adam sich einsam fühlte, schuf Gott ihm eine Frau und nannte sie Eva.

Adam und Eva lebten eine Weile im Garten Eden und waren glücklich, doch dann aß Eva von einer verbotenen Frucht. Daraufhin verspürten Eva und Adam Scham, unter anderem für ihre Nacktheit.

Zur Strafe wurden sie aus dem Garten Eden vertrieben und gezwungen, ein Leben in Sünde auf der Erde zu führen.

Über diese Geschichte mussten jetzt alle Bescheid wissen. Die Menschen sollten verstehen, dass Gott die Frauen dazu bestimmt hätte, für die Männer da zu sein. Und dass die

Frauen daran schuld seien, dass die Menschen ein schweres Leben in Sünde führten. Die meisten glaubten nun, dass Frauen von Sex, Lust und Sünde getrieben waren. Und damit sie nicht alle Männer zur Sünde verführten, musste man sie bändigen.

Sündige Menschen

Beinahe alles, was mit körperlichem Wohlbehagen zu tun hatte (wie Sex oder auch nur an Sex zu denken), galt als Sünde.

Die Menschen mussten die Sünde um jeden Preis vermeiden, sonst würden sie nach dem Tod in der Hölle schmoren.

Nach Ansicht der Kirche war Sex ein notwendiges Übel, das man ertragen musste, um Kinder zu zeugen. Idealerweise sollten man sich dafür schämen, dass man Sex hatte. Erlaubt war nur Sex zwischen Ehemann und Ehefrau, alles andere war eine Sünde.

Verheiratete Paare durften auch nur an bestimmten Tagen Sex haben, wobei der Mann oben und die Frau unten liegen sollte, damit sie ihm unterstellt war. Idealerweise sollte es im Dunkeln oder angezogen passieren, damit man sich nicht selbst oder gegenseitig nackt sah.

Wer Sex mit einer Person gleichen Geschlechts oder außerhalb der Ehe hatte, Verhütungsmittel benutzte, masturbierte oder eine Abtreibung vornahm, beging eine Sünde.

Das bedeutete nicht, dass die Menschen mit diesen Dingen aufhörten, im Gegenteil: Dass die Menschen auf diese angeblich sündige Weise Sex hatten, blieb ein Problem für die Kirche und die Machthaber.

Verhütung:

Empfängnisverhütung ist eine Methode, um eine Schwangerschaft beim Sex zu verhindern. Im Laufe der Geschichte gab es die verschiedensten Verhütungsmittel und die Menschen dachten sich immer neue Dinge aus, um Schwangerschaften zu vermeiden.

Abtreibung:

Wenn eine Person schwanger geworden ist, aber kein Kind möchte, gibt es verschiedene Möglichkeiten, einen Fötus abzutreiben, also aus der Gebärmutter zu entfernen.

Ehebruch

Sex zwischen Menschen, die nicht miteinander verheiratet sind, wurde als Ehebruch oder Unzucht bezeichnet. Es wurde im Mittelalter streng bestraft, manchmal mit dem Tod. Eine andere übliche Strafe bestand darin, dass die Frau nackt durch ihren Heimatort laufen musste. Sie führte dabei den Mann, mit dem sie Sex gehabt hatte, an einer Leine um seinen Penis hinter sich her.

Es war nicht unüblich, dass Frauen, die Sex außerhalb der Ehe gehabt hatten, harte Strafen erhielten und in Schande leben mussten. So zwang man sie beispielsweise dazu, ein bestimmtes Kleidungsstück für den Rest ihres Lebens zu tragen, damit alle Menschen gleich bei der ersten Begegnung wussten, dass sie Ehebruch begangen hatte.

Jungfräulichkeit

Im Mittelalter war die Gesellschaft von weiblicher Jungfräulichkeit und Jungfrauen geradezu besessen. Man erzählte sich Geschichten von Frauen, die schreckliche Dinge taten, um ihre Jungfräulichkeit zu bewahren. Diese Jungfrauen galten als vorbildlich. Viele Kirchenheilige (Heldinnen, die verehrt und angebetet wurden) starben, um ihre Jungfräulichkeit zu schützen.

Lucia war ein Mädchen, das im dritten Jahrhundert in Sizilien gelebt haben soll – als das Christentum verboten war und Christinnen und Christen verfolgt wurden. Ihrem Glauben treu, wollte Lucia keinen Sex haben. Allerdings versuchten die Menschen, sie dazu zu zwingen. Mit Gottes Hilfe und verschiedenen Wundern konnte Lucia ihnen eine Weile lang entkommen, wurde aber schließlich wegen ihres Glaubens und ihrer Jungfräulichkeit ermordet. Danach sprach die christliche Kirche sie heilig. Noch heute wird in den nordischen Ländern jedes Jahr im Dezember ein Lucia-Fest gefeiert.

Die Jungfrau Maria war eines der wichtigsten Symbole des Mittelalters. Als Mutter von Gottes Sohn Jesus gilt sie als eine zentrale Figur des Christentums. Lange war nicht ganz klar, wie Maria mit Jesus schwanger geworden war. Erst im vierten Jahrhundert einigte sich die Kirche darauf, dass Maria bei Jesu Geburt Jungfrau gewesen sein soll. Diese Version wurde als die offizielle in die Bibel aufgenommen. Seitdem wird Maria in den christlichen Kirchen als ewige Jungfrau verehrt.

Die romantische Liebe

Neben der ständigen Beschäftigung mit Sünde und Jungfräulichkeit entstand im Mittelalter an den europäischen Königshöfen auch die Idee von romantischer oder „höfischer" Liebe.

Dies bedeutete oft, dass ein Ritter eine Frau sexuell begehrte und liebte, mit der er nicht zusammen sein konnte. Er durfte seine Gefühle mit verschiedenen romantischen Gesten offen zeigen, zum Beispiel indem er ihr ein Ständchen unter ihrem Fenster brachte.

Von der eigenen Liebe und Lust gequält zu werden, war ehrenhaft und schön. Frauen galten als geheimnisvolle Wesen, die von Rittern angeschmachtet werden sollten. Dies war auch ein beliebtes Thema im sogenannten Ritterroman.

Es ging aber nicht darum, dass Menschen, die Gefühle füreinander hatten oder sich nach einander sehnten, heirateten. Ehen waren immer noch Bündnisse zwischen Familien, und die Eltern bestimmten oft, wen ihre Kinder heiraten sollten.

Der Rosenroman (Roman de la Rose, 13. Jahrhundert) war das meistgelesene Buch des Mittelalters und ist ein klassischer Ritterroman. Er handelt von einem Ritter, der sich in eine Frau verliebt, die nicht für ihn bestimmt ist. Um zu beweisen, dass er ihrer würdig ist, stürzt er sich in viele epische Abenteuer. Das Buch ist voller Gleichnisse zum Thema Sex. Besonders das Bild der hinterhältigen Frau, die aufgrund von Sex sündigt, taucht immer wieder auf. Viele übten Kritik an der Art und Weise, wie Frauen in dem Buch dargestellt werden – so auch die berühmte Schriftstellerin Christine de Pizan.

Christine de Pizan (1364–1430) war eine französische Dichterin und Schriftstellerin. Sie kritisierte den Rosenroman und viele andere Bücher wegen ihrer verachtenden Frauendarstellungen und schrieb mehrere Bücher über die Geschichte der Frauen. Sie kritisierte, wie Frauen behandelt wurden, und wollte, dass sich mehr Menschen gegen das verbreitete Frauenbild zur Wehr setzten.

Und wie sah es in Wirklichkeit aus?

Obwohl die Kirche sehr mächtig war und die Kirchenleitung darauf bestand, dass Sex möglichst vermieden werden sollte, hielten die Menschen sich nicht immer daran. Die Kirchenoberhäupter hatten große Probleme damit, dass manchmal genau das Gegenteil von dem passierte, was sie forderten.

Zum Beispiel kam es vor, dass Menschen in der Kirche Sex hatten. Da die Menschen zu dieser Zeit oft eng zusammen in einem Raum schliefen, zog man sich gern in die Kirche zurück, um ungestört Sex zu haben.

Ein weiteres Problem war, dass Nonnen und Mönche miteinander Sex hatten oder sich selbst befriedigten. Und das, obwohl sie ein Keuschheitsgelübde abgelegt und geschworen hatten, niemals Sex zu haben. Wir wissen das, weil sich Priester und Bischöfe in Schriften darüber beklagten. Und es gibt viele Berichte von Nonnen, die Kinder bekamen.

Im Mittelalter fanden offenbar viele Menschen Sex unterhaltsam und aufregend, vielleicht gerade, weil er tabu war. Sex war etwas, über das man lachte und das vielen Menschen Spaß machte. Es war ein beliebtes Thema in Geschichten, Liedern und Witzen.

Auch Geschlechtsteile schienen die Menschen nach wie vor zu faszinieren. Lieder und Erzählungen über sprechende Vulven waren zum Beispiel sehr verbreitet.

Penisbäume und Pilgervulven

Da der nackte Körper als tabu und sündig galt, wurden Menschen in der Kunst des Mittelalters immer seltener nackt dargestellt. Gleichzeitig scheint die Faszination für Geschlechtsteile geblieben zu sein. Hier und da tauchen sie in der Kunst auf, auch wenn wir heute nicht genau wissen, warum.

Wandteppich von Bayeux

Penisse auf dem Teppich

Der Wandteppich von Bayeux, eines der berühmtesten mittelalterlichen Kunstwerke, ist eine breite Stickerei über die normannische Eroberung Englands im Jahr 1066. Darauf dargestellt sind viele deutlich sichtbare Penisse, hauptsächlich bei Pferden, aber auch bei Menschen.

Auf Nachbildungen des Teppichs, die eine Gruppe von Frauen im 19. Jahrhundert anfertigte, wurden die Penisse entfernt.

Vaginas aus Stein

Sheela-na-gig bezeichnet eine bestimmte Art von in Stein geschnitzten Bildern, die insbesondere in Kirchen auf den britischen Inseln zu finden sind. Sie waren im 12. Jahrhundert sehr beliebt und zeigten Penisse oder Vulven, wobei die Vulven vermutlich eine besondere Bedeutung hatten.

Welche genau, ist nicht ganz klar, aber wahrscheinlich galten sie als gefährlich und gleichzeitig als geradezu magisch. Vielleicht sollten sie böse Geister vertreiben oder Glück bringen.

Blühende Penisse

Jeanne de Montbaston (tätig von etwa 1320 bis 1355) war eine französische Illustratorin, die mehrere Bilder für den *Rosenroman* anfertigte, darunter eine Bildgeschichte über eine Nonne und einen Mönch in einer sexuellen Beziehung.

Ein Bild zeigt die Nonne dabei, wie sie Penisse von einem Baum pflückt. Solche Penisbäume kommen auch in Kirchengemälden vor und waren im Mittelalter ein populäres Motiv.

Die Forschung sieht Montbastons Zeichnungen der Nonne, die Penisse pflückt, als Kritik am *Rosenroman* und dem darin vermittelten Frauenbild.

Auf ähnliche Weise werden die mittelalterlichen Bilder von Nonnen, Priestern und Mönchen beim Sex als Kritik an der Macht der Kirche und der Religion gedeutet.

Vulven auf Abenteuerreise

Reisen zu heiligen Stätten, sogenannte Pilgerreisen, waren im Mittelalter sehr beliebt. Viele brachten sich von der Reise ein kleines Souvenir mit, und an verschiedenen Orten wurden spezielle Abzeichen für die Pilgerinnen und Pilger verkauft.

Diese Pilgerzeichen bildeten Heilige, Gebäude oder heilige Gegenstände ab. Andere stellten Geschlechtsteile in fantasievollen Rollen dar, beispielsweise geflügelte Penisse oder als Pilger oder Ritter verkleidete Vulven.

Was genau sie symbolisieren sollten, ist unklar. Es zeigt aber, dass die Menschen im Mittelalter eine entspannte Einstellung zu Penissen und Vulven hatten und sie amüsant fanden.

Jungfräulichkeitstests

„Unschuld“ ist eine weitere Bezeichnung für die Jungfräulichkeit. Wie das Wort schon andeutet, bezieht sich diese Unschuld auf die religiöse Vorstellung von Sünde. Eine unschuldige Person ist also genau genommen eine Person, die nicht gesündigt hat.

Meistens wird das Wort „Unschuld“ aber im Zusammenhang mit Sex verwendet. Historisch gesehen wurden in erster Linie Frauen, deren Vulven noch nie von einem Penis penetriert worden waren, als „unschuldig“ bezeichnet.

Wie wir gesehen haben, war es für Männer wichtig zu wissen, ob sie wirklich der Vater eines Kindes waren. Deshalb wollte man sicherstellen, dass Frauen vor der Heirat keinen Sex hatten.

Es führte dazu, dass Menschen sich verschiedene Tests ausdachten, um die Jungfräulichkeit einer Frau zu überprüfen. Obwohl solche Tests nicht funktionieren können, waren einige Menschen fest davon überzeugt, dass sie es tun — manche glauben es auch heute noch.

Zwei-Finger-Test

Dieser Test kommt häufig vor, auch in aktuellen Büchern, Filmen und Fernsehsendungen überall auf der Welt. Dabei werden zwei Finger in die Vagina einer Person eingeführt, um dort zu „ertasten“, ob sie noch Jungfrau ist oder nicht. Der Test beruht wahrscheinlich auf dem Mythos, dass eine Scheide sich nach dem Sex dehnt. Da das aber nicht der Fall ist, lässt sich so überhaupt nichts beweisen.

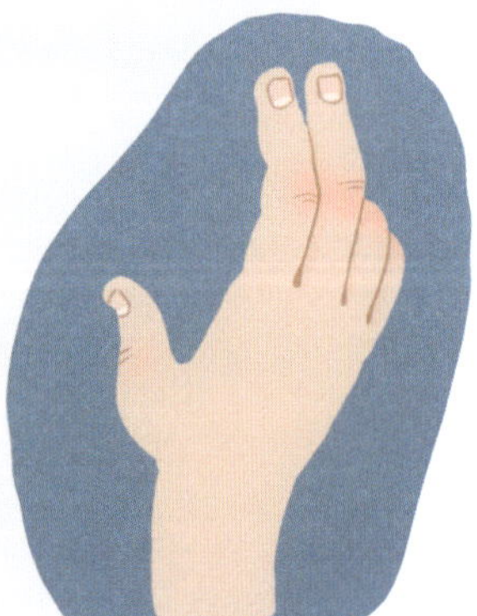

Mythos Jungfernhäutchen

Der älteste Mythos über Jungfräulichkeit besagt, dass es in der Scheide einer Frau eine Membran gibt, die beim ersten Geschlechtsverkehr reißt und blutet. Die Vorstellung eines Jungfernhäutchens stammt aus dem Mittelalter, als Jungfräulichkeit so wichtig war. Obwohl schon damals viele Ärzte widersprachen, hielt sich der Mythos hartnäckig und viele Menschen glauben immer noch, dass es ein solches Häutchen gibt — aber das stimmt nicht.

Urintest

Im 13. Jahrhundert beschrieb der Bischof Albertus Magnus (1206-1280), wie sich der Urin einer Frau nach dem ersten Sex veränderte. Er behauptete, der Urin einer Frau werde nach dem Sex dunkel und trübe, während der Urin einer Jungfrau durchsichtig, perlend und manchmal sprudelnd wie Sekt sei. Heute wissen wir, dass sich der Urin verändert, je nachdem, wie man sich fühlt oder wie viel Wasser man trinkt. Das hat aber nichts mit Sex zu tun.

Hals-Mess-Test

Auch dieser Test beruhte auf der Vorstellung, dass die Geschlechtsteile einer Frau beim Sex gedehnt werden und dass sich alles, was im Geschlecht passiert, am restlichen Körper zeigt. Deshalb wurde behauptet, dass sich auch der Hals ausdehne. Ein dicker Hals war also Beweis dafür, dass jemand Sex gehabt hatte. Es gab unterschiedliche Messtechniken, aber bei einer Variante verglich man in etwa den Umfang des Halses mit der Länge des Kopfes.

Blutige Laken in der Hochzeitsnacht

Blutige Laken nach der Hochzeitsnacht galten als Beweis für die Jungfräulichkeit einer Frau, da man glaubte, dass alle Frauen beim ersten Sex bluten. Da das aber nicht stimmt, gab es viele Ratschläge, wie Frauen Blut auf dem Bettlaken vortäuschen konnten. In einem Text aus dem 12. Jahrhundert wird zum Beispiel der Tipp gegeben, sich einen Blutegel auf die Vulva zu setzen.

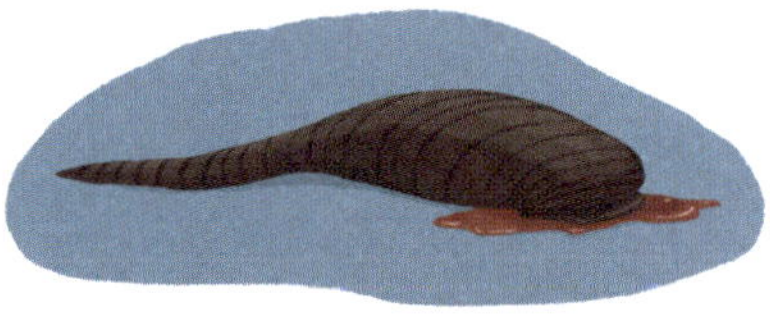

Nur die Jungfrau zähmt das Einhorn

Viele glaubten, Jungfrauen hätten eine besondere Verbindung zur Natur und zu Tieren. Im Mittelalter hieß es, dass der wildeste Löwe bei der Begegnung mit einer Jungfrau zahm wie ein Kätzchen würde und dass nur eine Jungfrau durch einen Schwarm wütender Bienen hindurchgehen könne, ohne gestochen zu werden.

Man sagte über Einhörner, die manche für echt hielten, sie seien so selten und geheimnisvoll, dass nur Jungfrauen sie zähmen könnten.

Da Jungfrauen als etwas so Besonderes galten und Jungfräulichkeit wichtig war, behaupteten viele Frauen im Laufe der Geschichte, Jungfrauen zu sein – aus den unterschiedlichsten Gründen.

Jeanne d'Arc (1412-1431), bekannt als die *Jungfrau* von Orléans, war eine junge Französin, die in den Krieg gegen die Engländer zog. Sie behauptete, Gott hätte sie als Kriegerin auserwählt. Zunächst wollte ihr niemand glauben. Aber nachdem sie verschiedene Jungfräulichkeitstests gemacht hatte, um ihre Unschuld zu „beweisen", waren immer mehr Menschen von ihr überzeugt.

Elisabeth I. (1533-1603) war eine englische Königin aus der nächsten Epoche, mit der wir uns befassen werden: der Renaissance. Elisabeth heiratete nie und sprach viel über ihre Jungfräulichkeit. Damit wollte sie zeigen, dass sie weniger sündig war als andere Frauen und Gott näher stand. Elisabeth ließ sich manchmal mit einem Sieb in der Hand malen, in Anspielung auf die Vestalinnen und ihre Jungfräulichkeit.

Die Renaissance

Etwa 15. bis gegen Ende des 17. Jahrhunderts

Könige wollen Reformation und Mätressen, Syphilis verbreitet sich, Liebe wird wichtig für die Ehe und angeblich haben einige Frauen Sex mit dem Teufel.

Die Zeit nach dem Mittelalter wird als Renaissance bezeichnet, da ein Großteil der antiken Kultur eine „Renaissance“ — eine Wiedergeburt — erfuhr und aufs Neue beliebt wurde.

Die Renaissance war eine Zeit der wachsenden Städte, des blühenden Handels und vieler neuer Erfindungen. Einige Menschen begannen zu kritisieren, dass die Kirche im Mittelalter so viel Macht gehabt hatte, und die christliche Kirche spaltete sich in eine katholische und eine protestantische Strömung.

Diese Spaltung wurde Reformation genannt, und viele Könige und Fürsten waren begeistert von dieser Idee, weil sie den Einfluss der Kirche leid waren.

Deshalb lösten sie sich von der katholischen Kirche, denn als Protestanten konnten sie sich immer mehr Macht verschaffen.

Zeit der Widersprüche

Die Renaissance war eine Zeit voller Widersprüche.

Für die Kirche war sämtlicher Sex außerhalb der Ehe schlecht, und gleichzeitig waren einige Päpste für ihre Sexpartys berüchtigt.

Arzneikundige Frauen empfahlen Empfängnisverhütung, gleichzeitig waren alle Verhütungsmittel verboten.

Frauen galten als tugendhaft und lieblich, gleichzeitig als sündig und sexbesessen.

Obwohl Sex außerhalb der Ehe für normale Menschen verboten war, konnten Könige problemlos Geliebte haben, sogar in aller Öffentlichkeit. Manche dieser Geliebten wurden richtige Stars.

Trotz der neuen Teilung der christlichen Kirche hatten der Katholizismus und der Protestantismus vieles gemeinsam. Beide waren der Auffassung, dass Frauen den Männern untergeordnet sein sollten und dass Sex nur etwas für Verheiratete sei, um Kinder zu zeugen.

Andere Arten von Sex, wie zum Beispiel Oral- und Analverkehr, wurden als Sodomie bezeichnet. Sie galten nicht nur als schwere Sünde, sondern waren auch gesetzlich verboten. In vielen Ländern war die Strafe für Sodomie, auf dem Scheiterhaufen verbrannt zu werden.

Analsex:

Sex, bei dem die Analöffnung (das Po-Loch) im Spiel ist, beispielsweise indem ein Dildo oder Penis dort eingeführt oder die Analöffnung zur sexuellen Erregung gestreichelt wird.

Oralsex:

Bedeutet „Sex mit dem Mund", wenn also jemand an den Geschlechtsteilen einer anderen Person leckt oder saugt.

Renaissance-Kunst

Die Wiederentdeckung der Antike in der Renaissance hinterließ auch in der Kunst Spuren: Nackte Menschen wurden zu einem angesagten Motiv. Der nackte weiße Mann galt nun als Musterbild alles Schönen in der Welt. Leonardo da Vinci (1452–1519) zeigte mit seiner Zeichnung des *Vitruvianischen Menschen,* dass der Mann fast göttliche Proportionen hatte.

Nackte Menschen zu malen und die menschliche Anatomie zu studieren, wurde für alle Männer wichtig, die echte Künstler werden wollten.

Die Feigenblatt-Aktion

Die katholische Kirche war nicht besonders angetan von nackten Menschen in der Kunst. Im Jahr 1563 startete sie eine große Aktion, bei der alle in der Kirchenkunst sichtbaren Geschlechtsteile mit Feigenblättern oder Stoffstücken bedeckt wurden.

Viele der größten Künstler der Renaissance waren von dieser Maßnahme betroffen, und auf vielen Gemälden mit ursprünglich nackten Menschen sind die Geschlechtsteile noch heute bedeckt.

Syphilis

Die Renaissance war auch das Zeitalter der Entdeckungen.

Christoph Kolumbus (1451–1506) war ein berühmter Entdecker, der mit seinen Seeleuten den Atlantischen Ozean in Richtung Westen überquerte und in das Gebiet gelangte, das wir heute Amerika nennen.

Obwohl es bei der Reise eigentlich um das Entdecken und Erforschen gehen sollte, begingen Kolumbus und seine Männer viele Übergriffe an der dortigen Bevölkerung. Sie vergewaltigten, plünderten und verbreiteten Krankheiten. Bei ihrer Rückkehr nach Europa brachten sie neben Schätzen sowie Sklavinnen und Sklaven auch die Geschlechtskrankheit Syphilis mit.

Zunächst verbreitete sich die Syphilis am Hof von Barcelona und galt dort als schmeichelhafte und exklusive Krankheit. Adlige, die sich noch nicht angesteckt hatten, wurden als ein wenig zurückgeblieben und ungebildet angesehen.

Die Krankheit verbreitete sich rasch in ganz Europa. Viele wollten nicht zugeben, dass Syphilis durch Sex übertragen wurde, da auch Nonnen, Priester, Mönche und sogar Päpste erkrankten.

Stattdessen wurde sie als Strafe Gottes bezeichnet, als Ungleichgewicht der Sterne oder als Hexenwerk.

Die Symptome von Syphilis waren qualvoll. Die Betroffenen hatten manchmal offene, nässende Wunden an den Geschlechtsteilen und im Mund plus Gelenkschmerzen und Haarausfall am ganzen Körper. Manche verloren auch Nägel und Zähne. Wie bei den meisten Hautkrankheiten wurde zur Behandlung oft Quecksilbersalbe verwendet, die sogenannte Graue Salbe. Nicht selten bekamen die Kranken dadurch eine Quecksilbervergiftung und starben. Mehrere hundert Jahre lang gab es kein wirkliches Heilmittel gegen Syphilis.

Franzosenseuche:

Da zunächst niemand wusste oder anerkennen wollte, dass es sich um eine Geschlechtskrankheit handelte, erhielt die Syphilis in den einzelnen Ländern unterschiedliche Namen. Oft benannten die Länder die Krankheit nach dem Land, mit dem sie sich gerade im Krieg befanden oder mit dem sie verfeindet waren. So wurde Syphilis in Frankreich „Italienische Krankheit" genannt, in Deutschland und Schweden hingegen „Franzosenkrankheit" oder „Franzosenseuche".

Aberglaube und Teufel

Zu dieser Zeit lebten die meisten Menschen auf dem Land. Sie arbeiteten in der Landwirtschaft und lasen weder schlaue Bücher, noch betrachteten sie Gemälde nackter griechischer Götter.

Viele Männer waren in Kriegen gefallen und die Frauen hatten Berufe übernommen, die vorher als typisch männlich galten.

Die von der Kirche verbreitete Norm, dass Männer über Frauen bestimmen sollten und dass Sex außerhalb der Ehe falsch sei, funktionierte in der Praxis nicht.

Einige „weise Frauen" verfügten über spezielle Kenntnisse. Sie wussten viel über Sex, halfen bei Geburten, berieten diejenigen, die schwanger werden wollten, und diejenigen, die es nicht wollten.

Da dies nicht der offiziellen Auffassung über Frauen und Männer entsprach, vermutete die Kirche eine bestimmte Ursache hinter dieser Veränderung: Es hieß, die Menschen würden sündigen und alle Sex-Tabus brechen, weil der Teufel sie dazu verleitet hatte. Der Teufel wurde als Ursprung allen Übels angesehen, denn er liebte alles, was mit Sex und Sünde zu tun hatte.

In der Renaissance veränderte sich das Bild vom Teufel. Er herrschte jetzt nicht nur über die Hölle, sondern wurde Teil des irdischen Lebens — und zwar als jemand, der die Menschen zur Sünde verführte. Wenn man zum Beispiel von Sex träumte oder mit einem Samenerguss aufwachte, war dies angeblich ein Zeichen dafür, dass der Teufel einen in der Nacht besucht hatte.

Da Frauen als sündiger und sexbesessener galten als Männer, hielt man sie für besonders empfänglich für die teuflischen Versuchungen. Es gab Gerüchte, dass Frauen den Teufel anbeteten und sogar zu Hexen werden konnten.

Bald hieß es, auch Hexen würden die Sünde verbreiten, indem sie andere Frauen und Kinder in die Arme des Teufels trieben. Die Kirche und die Herrschenden kamen schließlich zu dem Schluss, dass sie die Hexen loswerden mussten. Es begann die Jagd auf Menschen, die sie für Hexen hielten.

Der Hexenhammer, oder *Malleus Maleficarum,* wie das Buch eigentlich hieß, wurde 1486 veröffentlicht. Es wurde schnell sehr beliebt und war lange Zeit das meistverkaufte Buch nach der Bibel. In dem Buch erfuhr man, was eine Hexe war, wie Hexerei funktionierte und wie man Hexen aufspüren konnte. Es beschrieb, wie Hexen Sex hatten, Menschen und Tiere unfruchtbar machten, Abtreibungen vornahmen und Babys töteten.

Was trieben die Hexen mit dem Teufel?

Vor den Hexenverfolgungen gab es in Europa unterschiedliche Vorstellungen davon, was eine Hexe war und was Hexen taten. Doch mit der Zeit ähnelten sich die Geschichten immer mehr. Das geht auf den *Hexenhammer* zurück, denn die Pfarrer lasen ihn und trugen die Geschichten sonntags ihren Gemeinden vor.

Auf diese Weise verinnerlichten alle die Hexenerzählungen und viele behaupteten, selbst Hexen gesehen oder von ihnen gehört zu haben.

Die Geschichten und Darstellungen handelten von Dingen, die tabu waren, zum Beispiel Nacktheit, Sex, Ausgelassenheit, Überfluss und Sünde. Oft wurde beschrieben, wie Hexen nackt auf einem Besen oder einer Ziege zu einem geheimen Treffpunkt flogen. Dort trafen sie sich angeblich mit dem Teufel, machten Party und hatten fantasievollen Sex mit ihm oder mit anderen Hexen.

Vermutlich war der Verstoß der Hexen gegen das Sex-Tabu der Grund dafür, dass diese Erzählungen sich so stark verbreiteten. Sex war etwas, von dem sich die Menschen angezogen fühlten. Sie empfanden Sex wahrscheinlich als gefährlich und beängstigend, aber auch als unerhört aufregend.

In der Folge wurden tausende Menschen als Hexen bezeichnet, gefoltert, getötet und auf dem Scheiterhaufen verbrannt. Zwischen 1580 und 1630 tötete man in Europa etwa 50.000 Menschen, die meisten von ihnen Frauen.

Gegen Ende des 17. Jahrhunderts nahm die Hexenverfolgung ab. Hexen, Teufel und Sünde waren immer seltener Thema. Nun begann eine neue Zeit mit neuen Ideen: Sie wurde als „Aufklärung" bekannt.

Die Aufklärung

Ende des 17. Jahrhunderts bis Anfang des 19. Jahrhunderts

Man soll sich von den Sinnen leiten lassen, Sex kommt in Mode, Menschen lesen Bücher und Könige haben angeblich kleine Penisse.

Die Zeit nach der Renaissance wird als Aufklärung bezeichnet. Man vertraute nun lieber auf den gesunden Menschenverstand und die Natur statt auf die Bibel.

Die strengen Tabus in Sachen Sex und Ehe wurden nach und nach hinterfragt und gelockert. Rückblickend scheint es, als hätten im Europa des 18. Jahrhunderts alle ständig über Sex gesprochen, gesungen oder gelesen. Es war eine Zeit des Überflusses und der Heiterkeit.

Das lustvolle Leben in Sünde

Immer mehr Menschen konnten nun lesen und schreiben und erste Zeitungen erschienen. Darin wurde von königlichen Partys in großen Schlössern berichtet, deren Räume mit Bildern von Menschen beim Sex geschmückt waren. Die Zeitungen schrieben auch über Theateraufführungen mit nackten Schauspielerinnen und Schauspielern und über Maskenbälle, bei denen Fremde in prächtigen Kostümen miteinander Sex hatten. Wir wissen nicht, wie viel Wahres daran ist, aber in den Schlössern trank man Wein, aß gutes Essen und trug teure Kleider aus Samt und Seide. Perücken, falsche Schönheitsflecken und Make-up verbargen dabei die durch Syphilis und andere Krankheiten entstandenen Wunden.

Es wurde populär, die kirchliche Sicht auf Sex offen in Frage zu stellen. Ein Leben in „Sünde“ konnte auch ein Statement gegen die Kirche und ihre Sex-Tabus sein.

Der Italiener **Giacomo Casanova** (1725-1798) wurde im 18. Jahrhundert bekannt durch seine Reisen in europäische Städte, auf denen er ausgiebig feierte und mit vielen Frauen Sex hatte. Zumindest wurde dies in den unglaublich angesagten Büchern über ihn behauptet. Die Bücher waren so beliebt, dass sein Name, Casanova, noch heute für einen Mann verwendet wird, der viele Frauen verführt und mit ihnen Sex hat.

Romane

Romane zu lesen kam in Mode, und Bücher mit heftigen Gefühlsstürmen und Liebesabenteuern waren sehr beliebt.

Gleichzeitig gab es die Angst, dass junge Vielleserinnen ein falsches Weltbild bekommen könnten. Man befürchtete, die Frauen könnten sich in den erstbesten Mann verlieben, mit ihm durchbrennen, viel Sex haben und schwanger werden.

Bücher über Sex gab es schon in der Antike, hauptsächlich Lehrbücher. Im 18. Jahrhundert erschienen jedoch mehrere Bücher, die sich auf erzählerische Weise mit dem Thema Sex befassten und sich an das einfache Volk richteten.

Fanny Hill (*Memoirs of a Woman of Pleasure,* 1748) von John Cleland (1709–1789) ist eines der berühmtesten Bücher des 18. Jahrhunderts und wird oft als der erste erotische Roman bezeichnet. In dem Buch schreibt die Hauptfigur Fanny einer Freundin Briefe über ihr Leben voller Abenteuer und Sex.

Obwohl einige dieser Bücher in vielen Ländern wegen ihres Inhalts verboten wurden, verbreiteten sie sich massenhaft. Viele Autorinnen und Autoren brachen die Regeln, die vorgegeben hatten, was geschrieben werden durfte. Immer mehr Menschen hielten es für unklug, bestimmte Bücher zu verbieten. Man war der Meinung, dass alle schreiben und sagen können sollten, was sie wollten. Es war sogar von Revolution die Rede.

Kleine Penisse und sexbesessene Königinnen

In Frankreich wollten viele Menschen das Königtum abschaffen und eine Revolution anzetteln. Es wurden Flugblätter, sogenannte Pamphlete, mit Botschaften gedruckt. Einige enthielten Bilder und Erzählungen über die französische Königin Marie-Antoinette (1755–1793). Es hieß, sie habe Sex mit wechselnden Männern und mit ihren Hofdamen, sie würde oft masturbieren und Sexpartys im Palast veranstalten. Die Revolutionärinnen und Revolutionäre wollten damit zeigen, dass die Königin aufgrund ihrer Sexbesessenheit und Freizügigkeit nicht geeignet sei für die Führung der französischen Staatsgeschäfte.

Auch über den Ehemann von Marie-Antoinette, König Ludwig XVI. (1754–1793), wurden Pamphlete verfasst. Darin stand, dass er die Königin sexuell nicht befriedigen könne und sie deshalb Sex mit anderen hätte.

Ludwig wurde oft mit sehr kleinem Penis gezeichnet, um symbolhaft zu zeigen, dass er nicht viel von Sex verstand. In der Antike galt ja ein kleiner Penis noch als Beweis für Geisteskraft und Schönheit, aber jetzt wurde er zum Zeichen für einen Versager.

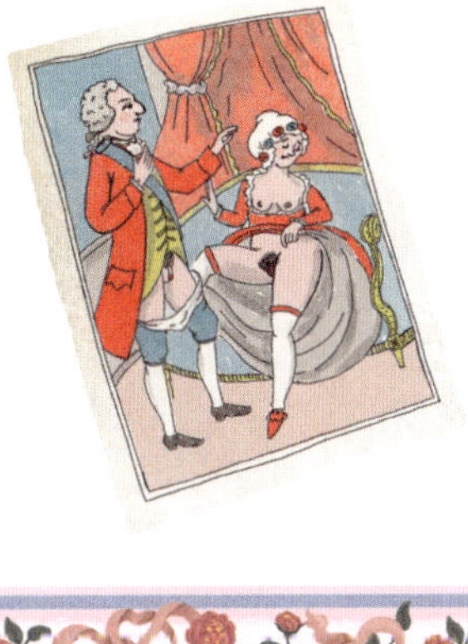

Auch in Schweden wollten viele Menschen das Königshaus loswerden und deshalb wurden ähnliche Geschichten verbreitet. Man erzählte sich, dass König Gustav III. (1746–1792) keinen Sex mit seiner Frau Königin Sofia Magdalena von Dänemark (1746–1813) haben konnte.

Es gab Zeichnungen vom König mit kleinem Penis, dem ein Diener mit großem Penis zu Hilfe kommt, indem er Sofia Magdalena anstelle des Königs schwängert.

Revolution

Während es von Königinnen wie Marie-Antoinette hieß, sie hätten viel Sex, wurde von Königen behauptet, sie könnten ihre Frauen sexuell nicht befriedigen. Das wurde als Beweis angesehen für ihre Unfähigkeit, ein Land zu regieren. So wie man sich im Mittelalter über das Sexleben von Priestern lustig machte, um ihre Macht in Frage zu stellen, machte man sich jetzt über das Sexleben von Königen lustig.

Schon seit der Antike beschuldigte man Personen, denen man schaden wollte, die „falsche" Art von Sex zu haben. Lügengeschichten waren also nichts Neues und konnten sich gegen Einzelpersonen oder Gruppen richten. Aber jetzt konnte man mit Anschuldigungen in Sachen Sex sogar die alte Gesellschaftsordnung umstürzen und eine Revolution anzetteln.

Denn die Französische Revolution war eine Tatsache: Das Königtum wurde gestürzt und Marie-Antoinette und Ludwig XVI. wurden durch die Guillotine enthauptet.

Und die Gleichstellung?

Durch die Französische Revolution entmachtete das Volk König und Adel und legte fest, dass Entscheidungen durch demokratische Wahlen und Volksabstimmungen erfolgen sollten. Sie nannten sich Bürger und sprachen von Freiheit und Gleichheit. Sie sagten, dass niemand mehr wert sein sollte als ein anderer und dass alle die gleichen Rechte haben sollten. Aber das galt nur für Männer.

Jean-Jacques Rousseau (1712–1778) war ein französischer Philosoph, der für die Aufklärung und die neuen Ideen von Freiheit und Gleichheit sehr wichtig war. Aber wie viele andere hielt er nichts davon, Frauen an Entscheidungsprozessen zu beteiligen. Rousseau war der Ansicht, die Aufgabe der Frau bestünde darin, Mutter und eine gute Ehefrau zu sein, die ihrem Mann gehorcht. Er glaubte, dass Frauen den Männern von Natur aus unterlegen seien und daher nicht selbst bestimmen sollten.

Obwohl viele Frauen für ihre Rechte kämpften und maßgeblich an der Abschaffung des Königtums beteiligt gewesen waren, wurden sie nach der Französischen Revolution übergangen. Die herrschenden Männer erklärten, die Hauptaufgabe der Frauen bestünde darin, Jungen zu gebären und zu guten Bürgern zu erziehen. Diese Idee wurde so wichtig für die nächste Epoche, der sogenannten Industrialisierung, dass sie als Grundvoraussetzung für das Überleben der gesamten westlichen Gesellschaft galt.

Flirten

Es war nicht immer einfach, eine Person zum Verlieben oder für Sex zu finden. Auf jemanden zuzugehen und geradeheraus sein Interesse zu gestehen, galt noch nie als okay, da es nicht zum Rollenbild von Männern und Frauen passte.

Stattdessen dachten die Menschen sich etwas anderes aus, um sich interessiert zu zeigen – Flirten.

Brautgeschenke

Mit einem Geschenk konnte ein Mann unmissverständlich sein Interesse zeigen. Vielerorts waren ein geschnitzter Löffel, ein Messer oder andere nützliche Gegenstände beliebte Geschenke für Frauen.

Wenn die Frau dem Mann ebenfalls etwas schenkte, bedeutete es fast immer, dass sich das Paar zur Heirat entschlossen hatte.

Nächtliche Besuche

Die Eltern fühlten sich oft für die Beziehungen ihrer Kinder verantwortlich und griffen daher manchmal in den Flirt ein. In manchen Gegenden durften ein junger Mann und eine junge Frau, die sich füreinander interessierten, eine Nacht miteinander verbringen. Auf diese Art sollten sie herausfinden, ob sie zueinander passten. Damit sie sich nicht berührten, legten die Eltern gelegentlich ein Brett zwischen die beiden. Es reichte manchmal auch, wenn sie sich in ihre Decken einwickelten. Die jungen Leute sollten sich so die ganze Nacht lang unterhalten. Aber sicherlich kam es oft vor, dass sie einander trotzdem berührten.

Zauberei

Wem es nicht gelang, seine Gefühle auszudrücken, oder wer nicht die erhoffte Reaktion erfuhr, konnte es mit einem Liebestrank oder anderen Arten von Zauberei versuchen. Bei Frauen lief es oft darauf hinaus, dass sie den Mann dazu bringen sollten, ein Stück von ihrem Körper zu sich zu nehmen, zum Beispiel Haare oder ein Tröpfchen Menstruationsblut.

Liebesbriefe

Im 18. Jahrhundert kamen Liebesbriefe in Mode. Aber man konnte nicht einfach irgendetwas aufschreiben und abschicken, auch für das Briefeschreiben gab es viele Regeln. Das zeigt sich beispielsweise in den Büchern von Jane Austen (1775-1817), in denen es jedes Mal einen großen Aufstand gibt, wenn herauskommt, dass eine junge Frau einem Schwarm schreibt, ohne dass der Mann ihr die Ehe versprochen hat.

Blumen schenken

Blumen werden schon lange als Symbole für etwas anderes verwendet. Die Idee, dass Blumengaben etwas Besonderes bedeuten, stammt aus dem 19. Jahrhundert. Es entstand eine „Blumensprache“, in der Art und Anzahl der Blumen unterschiedliche Dinge bedeuteten — zur Freude des Blumenhandels.

Wo die Babys herkamen

Ein großes Rätsel der Menschheit war früher die Frage, wie nach dem Sex das Baby in den Bauch kommt. Im Laufe der Zeit gab es verschiedene Theorien, davon viele auch gleichzeitig, weil sich die Wissenschaft über den tatsächlichen Hergang nicht einig war.

Ein weit verbreiteter Glaube war seit jeher, dass ein Mann seinen „Samen" in den Bauch einer Frau legt und dieser dort heranwächst.

Antike

In der Antike interessierten sich die Gelehrten zunehmend dafür, wie Kinder gezeugt werden. Einige glaubten, dass sich die vom menschlichen Körper beim Sex produzierten Flüssigkeiten zu einer Art Teig vermischen. Dieser reift dann im Bauch der Frau zu einem neuen Menschen heran. Damit ein Kind entsteht, müssen sowohl der Mann als auch die Frau einen Orgasmus haben. Laut dieser Theorie war es also wichtig, dass die Frau Lust empfand. Es führte aber auch dazu, dass eine Frau als Lügnerin galt, wenn sie nach einer Vergewaltigung schwanger wurde. Der Theorie zufolge konnte sie nicht schwanger werden, wenn ihr der Sex keinen Spaß machte.

Orgasmus:

Wenn Menschen miteinander schlafen oder masturbieren und es als angenehm empfinden, sind ihre Geschlechtsteile stärker durchblutet und schwellen an. Nach einer Weile kann die Lust einen Höhepunkt erreichen und eine Welle wunderbarer Gefühle durchströmt den Körper. Das nennt man Orgasmus.

Mittelalter

Da im Mittelalter viele Menschen durch Pestepidemien und Kriege starben, wollten Kirche und Könige, dass mehr Kinder geboren werden. Ärzte, Alchemisten und Astronomen wurden beauftragt herauszufinden, wie Kinder entstehen. Hatte es vielleicht etwas mit den Sternenbewegungen oder dem Mond zu tun? Einige begannen, die Menstruation zu erforschen. Andere befassten sich mit verschiedenen Kräutern und magischen Formeln, die den Menschen helfen sollten, schwanger zu werden. Wie das genau geschah, war aber immer noch ein großes Rätsel.

Renaissance

In der Spätrenaissance gab es einige technische Neuerungen, darunter das Mikroskop, mit dem man zum ersten Mal sehr kleine Dinge sehen konnte. Spermien wurden entdeckt. Einige Wissenschaftler glaubten, in den Spermien kleine Jungen und Mädchen zu erkennen, und nahmen an, dass sie im Inneren der Frau zu größeren Menschen heranwuchsen.

Dies verfestigte die Vorstellung, dass Männer wichtiger seien als Frauen. Denn es bedeutete, dass die Spermien das Leben enthielten, während die Eizelle der Frau (die ebenfalls zu dieser Zeit entdeckt wurde) nur den Nährboden oder Ort für das Wachstum der Spermien/Kinder bereitstellte. Die Wissenschaftler, die diese Auffassung teilten, hielten daher den Orgasmus der Frau für völlig unnötig.

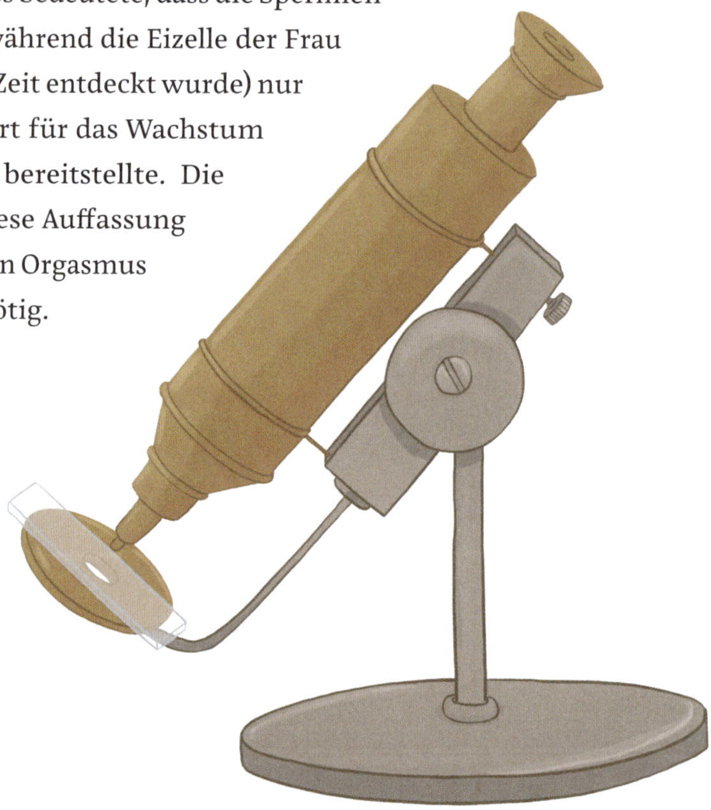

Aufklärung

Im Zuge der Aufklärung begann man, Männer und Frauen als zwei sehr unterschiedliche „Wesen" zu betrachten, und ihre Geschlechtsorgane wurden unterschiedlich benannt. Die männlichen Geschlechtsteile behielten mehr oder weniger die gleichen Namen wie seit der Antike. Das Geschlecht der Frau erhielt einen Namen, der von der Idee ausging, dass der Mann Sex mit ihr haben würde, um sie zu schwängern. So bezeichnen beispielsweise die Namen „Scheide" und „Vagina" (was ebenfalls Schwertscheide bedeutet) einen Ort, an dem der Penis eingeführt werden soll. Der Ort, an dem der neue Mensch heranwachsen würde, wurde „Gebärmutter" genannt. Spermien waren für die Entstehung des Menschen verantwortlich, die Frau galt als eine Art Ofen, in dem der Mensch gebacken wurde.

Der Mythos vom **Storch,** der mit den Babys angeflogen kommt, stammt aus dem 19. Jahrhundert. Damals wurde es zunehmend tabuisiert, über Sex zu sprechen. Insbesondere Frauen und Kinder sollten so wenig wie möglich über Sex und das Kindermachen wissen. Dem Mythos zufolge findet der Storch die Babys in Höhlen, wickelt sie in ein Bündel und fliegt sie zu ihren Eltern. Daher werden manche Geburtsmale als Storchenbisse bezeichnet, weil der Storch das Baby an dieser Stelle angeblich gepackt hat.

Die Industrialisierung

Ende des 18. Jahrhunderts bis Ende des 19. Jahrhunderts

Die Evolution wird Thema, Sex wird aus der Geschichte rausgeschrieben und es entsteht eine Debatte darüber, ob Menschen eine Sexualität haben.

Im 19. Jahrhundert zogen in ganz Europa immer mehr Menschen in die Stadt und arbeiteten in Fabriken statt in der Landwirtschaft. Es entstand eine klare Trennung zwischen den Fabrikarbeitern – der Arbeiterklasse – und den wohlhabenden Bürgern, die die Fabriken besaßen – das Bürgertum. Immer öfter hieß es, es gäbe verschiedene Menschentypen und sie seien für verschiedene Dinge geeignet. Auch in Bezug auf Sex wurde das behauptet.

Theorien der Menschheitsentwicklung

Der Wissenschaftler Charles Darwin (1809-1882) präsentierte 1859 die Theorie darüber, dass sich alle Lebewesen auf der Erde durch Evolution herausgebildet haben.

Im Verlauf vieler Millionen Jahre entwickelten wir uns durch Sex und Fortpflanzung weiter, von Amöben und Affen bis zum Menschen.

Viele stellten sich den Menschen als das am weitesten entwickelte Lebewesen der Welt vor. Das verleitete manche dazu, die Gesellschaft und die unterschiedlichen Menschen auch so zu beschreiben. Sie behaupteten, dass es höher entwickelte und weniger entwickelte Menschen gäbe.

Das Bürgertum wurde als die am weitesten fortgeschrittene Gesellschaftsklasse beschrieben, weil die dazugehörigen Menschen reich, hellhäutig und gebildet waren. Andere, die nicht so lebten und aussahen wie sie, galten als weniger entwickelt. Diese Theorie wurde vom Bürgertum selbst aufgestellt und sollte bekräftigen, warum ihm mehr Macht und ein höheres Ansehen zustand.

„Andere“ Menschen

Die Befürworter dieser Ideen bezeichneten Menschen, die in anderen Teilen der Welt lebten — nach anderen Maßstäben und mit anderem Aussehen — als primitiv und unterentwickelt. Die Tatsache, dass Menschen nicht weiß waren oder einen anderen Körperbau hatten, wurde als Beweis dafür gesehen, dass sie minderwertig und in ihrer Entwicklung weniger fortgeschritten seien. Und auch dafür, dass sie stärker durch ihren Körper und ihr sexuelles Verlangen gesteuert würden als das weiße Bürgertum. Frauen und Männer aus der Arbeiterklasse wurden auf ähnliche Art beschrieben und es galt als gefährlich, näher mit ihnen zu tun zu haben. Diese angeblichen Eigenschaften sollten beweisen, dass diese Menschen besser für körperliche Arbeit geeignet und mehr an Sex interessiert seien und dass dies die natürliche Ordnung sei.

Das Bürgertum

Anders als in der Vergangenheit, als die meisten Menschen in Großfamilien auf einem Bauernhof lebten, war nun das bürgerliche Ideal das Leben in einer „Kernfamilie“ mit Vater, Mutter und Kindern.

Der Mann sollte arbeiten und das Geld verdienen, während die Frau zu Hause blieb. Ihre Aufgabe bestand darin, Kinder zu kriegen und sich um sie zu kümmern. Außerdem sollte sie so wenig wie möglich über den Körper und Sex Bescheid wissen, da sich damit die weniger entwickelten Menschen beschäftigten.

Die Geschichte wird angepasst

Damit bürgerliche Frauen nicht so viel über Sex nachdenken mussten, wurden die Dinge zunehmend in Frauen- und Männerangelegenheiten aufgeteilt.

Während es für bürgerliche Männer in Ordnung war, sich Bilder von Menschen beim Sex anzuschauen oder etwas über den Körper zu lernen, war es für Frauen angeblich schlecht und ein bisschen gefährlich. Frauen sollten vor allem geschützt werden, was in irgendeiner Weise mit Sex oder nackten Körpern zu tun hatte.

Im 19. Jahrhundert interessierten sich viele Archäologen für die Antike, und die römische Stadt Pompeji, die seit Hunderten von Jahren unter Asche begraben gelegen hatte, wurde ausgegraben. Die vielen bei den Ausgrabungen gefundenen Penis-Objekte und Sexbilder, die in der Antike so beliebt waren, wurden in Geheimmuseen versteckt, zu denen nur Männer Zutritt hatten.

Die kindliche Entwicklung

Es wurde immer wichtiger, Mädchen und Jungen von Geburt an unterschiedlich zu erziehen. Je nach Geschlecht und Klassenzugehörigkeit sollten sie auf „angemessene" Weise heranwachsen.

So sollten Jungen und Mädchen beispielsweise Kleidung in festgelegten, unterschiedlichen Farben tragen. Jungen spielten mit bestimmten Spielsachen, zum Beispiel Waffen und Fahrzeugen, und Mädchen mit anderen, etwa mit Puppen.

Früher hatte man Kinder als kleine Erwachsene betrachtet und Jungen und Mädchen trugen bis zum Schulalter die gleiche Kleidung. Sie hörten die gleichen Geschichten wie die Erwachsenen und lernten, wie man sich benimmt und der Norm entspricht.

Nun aber wurde die Erziehung von Kindern, insbesondere von Mädchen, zu einer wichtigen Voraussetzung für ein gutes Heranwachsen und man schützte sie vor allem, was mit Sex und nackten Körpern zu tun hatte.

Verschiedene alte Bücher und Theaterstücke wurden umgeschrieben, um sie für Frauen und Kinder passend zu machen. Zum Beispiel alte Volksmärchen, die früher mündlich weitergegeben wurden und oft von Sex handelten.

Die Brüder Grimm, Jacob (1785-1863) und Wilhelm (1786-1859), gaben Sammlungen alter Volksmärchen heraus, aus denen sie nach und nach alle sexuellen Anspielungen entfernten. Ein Beispiel ist das Märchen von Rapunzel. Darin ging es ursprünglich um ein Mädchen, das in einem Turm eingesperrt war und es trotzdem mithilfe ihres langen Haares schaffte, einen Mann zu sich hinaufklettern zu lassen und mit ihm Sex zu haben.

Sexualität

In der zweiten Hälfte des 19. Jahrhunderts interessierten sich viele Ärzte für das menschliche Gehirn und die Gedanken und Gefühle darin: für Psychologie.

In seiner Studie zur **Psychopathia Sexualis** (1886) schrieb der Arzt Richard von Krafft-Ebing (1840-1902), dass Sex nicht einfach irgendeine Tätigkeit sei. Er vertrat die Auffassung, es sei Teil der menschlichen Identität, in wen man sich verliebt, zu wem man sich hingezogen fühlt und mit wem und wie man Sex hat.

Wenn man über Sexualität sprach, war nun auch von „normaler" und „unnormaler" Sexualität die Rede.

Als normal galt, dass ein Mann seinen Penis in die Vagina einer Frau einführen wollte. Wer Sex auf andere Weise bevorzugte, galt als unnormal. Was früher von der Kirche als Sünde verboten war, wie zum Beispiel Oral- und Analsex oder Sex mit Menschen gleichen Geschlechts, wurde nun als unnormal bezeichnet. Mit Menschen, die auf diese Weise Sex haben wollten, stimmte angeblich etwas nicht. Immer öfter war nun von Heterosexualität und Homosexualität die Rede.

Homo und hetero:

„Hetero" kommt von dem griechischen Wort *heteros*, was so viel wie „anders" oder „verschieden" bedeutet. Heterosexuell bedeutet also, dass jemand Sex mit einem Menschen anderen Geschlechts haben möchte. „Homo" leitet sich ab von dem griechischen Wort *homós* und bedeutet „gleich". Homosexuell ist also eine Person, die Sex mit einem Menschen des gleichen Geschlechts haben möchte.

Homosexualität wurde als Bedrohung für die Gesellschaft angesehen und mehrere Länder führten strenge Gesetze ein, die Sex zwischen Männern untersagten. Sex zwischen Frauen war dagegen meistens nicht gesetzlich verboten, da man zu dieser Zeit davon ausging, dass Frauen überhaupt kein sexuelles Verlangen hätten. Außerdem dachten viele Menschen, dass Frauen nicht miteinander schlafen könnten, weil sie ja keinen Penis haben. Aber wie auch in den Epochen zuvor hatten die Menschen weiterhin Sex mit Menschen des gleichen Geschlechts, auch wenn dies als sündig, unnormal oder unnatürlich galt.

Psychologie und Sex

Krafft-Ebing glaubte, dass Sexualität erblich sei. Er hielt sie für eine Fehlbildung oder Krankheit, mit der ein Mensch geboren wurde. Andere, wie der österreichische Psychoanalytiker Sigmund Freud, waren der Ansicht, dass Kinder auf bestimmte Weise erzogen werden müssten, um die Entwicklung einer ihrer Sicht nach unnormalen Sexualität zu verhindern.

Freud führte viele der geistigen und gefühlsmäßigen Probleme von Menschen auf Erfahrungen in der Kindheit zurück, die oft mit Sex zusammenhingen. Wie in den Theorien anderer Wissenschaftler, ging Freud vom Mann und dem Penis als Norm aus.

Sigmund Freud (1856-1939) hatte großen Einfluss darauf, dass Sex mit Psychologie in Zusammenhang gebracht wurde. Viele seiner Theorien werden auch heute noch angewandt, während andere umstrittener geworden sind. Freud glaubte zum Beispiel, dass alle Kinder eine Phase durchlaufen, in der ihnen ihr Geschlecht bewusst wird. Mädchen würden in diesem Zusammenhang entdecken, dass sie keinen Penis haben, und daraufhin einen „Penisneid“ entwickeln, der für den Rest ihres Lebens anhalte.

Prostitution

Prostitution bedeutet, dass jemand (meistens ein Mann) Geld dafür bezahlt, mit einer anderen Person (meistens einer Frau) Sex zu haben. Die Sicht auf Prostitution und die Frage, ob sie erlaubt sein sollte oder nicht, veränderte sich im gleichen Takt wie die gesellschaftliche Entwicklung.

Unter anderem in der Antike wurden Prostituierte in verschiedene Kategorien eingeteilt. Und im Mittelalter hielt die Kirche Prostitution in einigen Fällen für gerechtfertigt, obwohl sie sonst als Sünde galt. So glaubte man zum Beispiel, dass Sex mit einer Prostituierten Männer vom Masturbieren oder von Sex mit anderen Männern abhalten würde, was als noch sündiger galt. Viele der Kirchenmänner gingen selbst zu Prostituierten oder wurden durch Prostitution reich.

Papst Sixtus IV. (1414–1484) erhob eine Sondersteuer auf Prostitution, um den Bau der berühmten Sixtinischen Kapelle im Vatikan zu finanzieren. Gleichzeitig hielt er an seinem Standpunkt fest, Prostitution sei eine Sünde.

Im 18. Jahrhundert wurde Sex für viele Reiche und Gebildete ein ganz großes Thema. Einige Prostituierte wurden zu Stars und viele Bücher des 18. Jahrhunderts handelten von Prostituierten, waren aber meist von Männern geschrieben.

In einigen Ländern erschienen in dieser Zeit auch so etwas wie Städteführer mit Bewertungen und Rankings der Prostituierten in den verschiedenen Orten.

Im 19. Jahrhundert verschärfte sich die Haltung gegenüber der Prostitution, weil sie unter anderem für die Verbreitung von Geschlechtskrankheiten verantwortlich gemacht wurde. Die Syphilis hatte sich zu dieser Zeit immer mehr zu einem gesellschaftlichen Problem entwickelt und verbreitete sich rasch in allen Gesellschaftsschichten. Tatsächlich waren es Männer, die Syphilis verbreiteten, wenn sie sowohl mit Prostituierten als auch mit ihren Ehefrauen Sex hatten. Damit übertrugen sie die Krankheit auch an ihre Kinder, denn diese konnten sich im Mutterleib oder beim Stillen infizieren. Trotzdem wurde den Prostituierten die Schuld daran gegeben.

Um das Syphilis-Problem in den Griff zu bekommen, führten mehrere Länder schließlich Gesetze ein. Unter anderem wurde die Prostituierte polizeilich registriert und ihr Geschlecht zwangsuntersucht. Wenn sich herausstellte, dass sie krank war, wurde sie ohne Wissen ihrer Familienangehörigen in eine spezielle Einrichtung gesperrt.

Unter reichen Sexkäufern war Sex mit Jungfrauen eine Zeit lang Mode. Prostituierte, die sich als Jungfrau ausgaben, konnten auf diese Art viel Geld verdienen. Da man nicht erkennen kann, ob jemand noch Jungfrau ist, verkauften sie ihre Jungfräulichkeit mehrmals. Dieser Trick wurde schließlich so durchschaubar, dass es den Preis drückte.

Viele Menschen hielten es für selbstverständlich, dass vor allem Männer aus der Mittelschicht zu Prostituierten gingen und für Sex bezahlten, um ihre eigenen Frauen möglichst wenig mit Sex zu belästigen. Deshalb war Prostitution überhaupt gesetzlich erlaubt.

Man war der Meinung, dass arbeitende und arme Frauen sich besser für Sex eigneten und dass Prostituierte keine Rechte an ihrem Körper hätten. Daher konnten sie nach damaliger Sicht auch nicht vergewaltigt werden.

Onanie / Masturbation

Sex mit sich selbst zu haben, das heißt zu onanieren oder zu masturbieren, war im Laufe der Geschichte oft tabu oder verboten, weil dadurch keine Kinder geboren werden.

Es galt als schlecht, dass Männer und Jungen ihr Sperma „vergeudeten", anstatt eine Frau damit zu schwängern. Das Wort „Onanie" wird jedoch erst seit dem 18. Jahrhundert verwendet, als die biblische Geschichte von Onan neu ausgelegt wurde.

In dieser Geschichte wird ein Mann namens Onan zum Sex mit der Witwe seines Bruders gezwungen, damit sie schwanger wird. Aber Onan will sie nicht schwängern und kurz bevor er einen Samenerguss hat, zieht er seinen Penis heraus und das Sperma landet auf dem Bett statt in der Scheide seiner Schwägerin. Daraufhin wird Gott zornig und tötet Onan.

Das war nach unserem heutigen Verständnis keine Selbstbefriedigung. Vielmehr würde man es als unterbrochenen Geschlechtsverkehr bezeichnen. Aber es war die einzige Bibelstelle, die irgendwie als Beweis dafür herhalten konnte, dass sogar Gott Masturbation für falsch und sündhaft hielt.

Onanie bei Mädchen und Frauen

Erst ab dem 19. Jahrhundert wurde auch über Onanie von Mädchen und Frauen gesprochen und dass dies ein Problem darstellte. Onanie passte damals nicht zu der Vorstellung davon, wie Mädchen zu sein hatten. Wenn sie trotzdem masturbierten, galt es als Beweis dafür, dass sie krank waren. Viele befürchteten, dass Masturbation die kindliche Entwicklung beeinträchtigen könnte und dass ein Mädchen, das sich selbst befriedigte, „unnormal" werden würde.

Onanie wurde daher als eine Bedrohung für die gesamte westliche Gesellschaft angesehen. Im 19. Jahrhundert erschienen viele Broschüren, in denen Ärzte (oder Leute, die sich als Ärzte ausgaben) Horrorgeschichten über die Folgen der Masturbation für Jugendliche erzählten. Einige behaupteten, es führe zu behaarten Handflächen, Verlust der Männlichkeit oder Weiblichkeit, Hysterie, geistigem und körperlichem Verfall und sogar zum Tod. Daher bekamen natürlich viele Menschen Angst vor der Selbstbefriedigung — eine Angst, die noch lange weiterlebte, nachdem all diese Geschichten längst widerlegt worden waren.

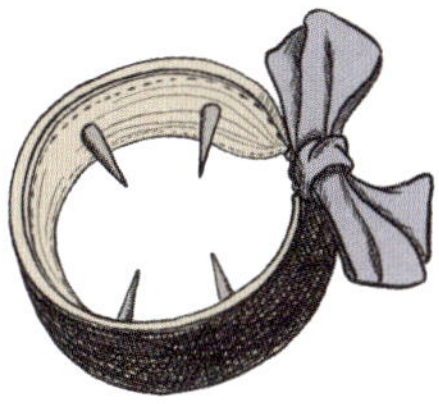

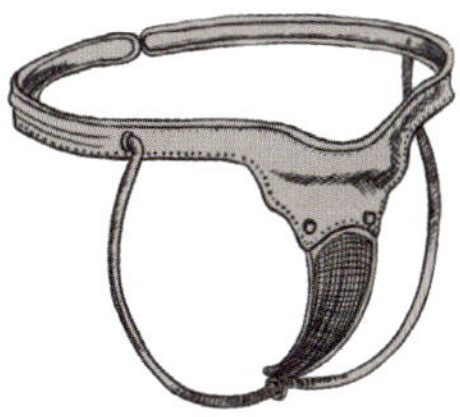

„Heilmittel"

Ärzte, die vor den Gefahren der Selbstbefriedigung warnten, wurden durch den Verkauf von Pülverchen und Salben, die angeblich vom Masturbieren abhielten, sehr reich. Es gab auch eine Reihe von Vorrichtungen, die Selbstbefriedigung unmöglich machten, wie zum Beispiel das Anti-Masturbationskorsett von Dr. Lafond oder der Keuschheitsgürtel mit Penisring von Dr. Milton. Die Eltern sollten diese Artikel kaufen und ihren Kindern anlegen.

John Harvey Kellogg (1852-1943) aus den USA lehnte Selbstbefriedigung strikt ab. Er glaubte, dass geschmackloses Essen das Interesse an Onanie dämpfe. Deshalb verkaufte er bald Maisflocken mit wenig Geschmack, die sich zum Verkaufsschlager entwickelten: Cornflakes. Für den Fall, dass die Cornflakes nicht funktionierten, schlug Kellogg einen chirurgischen Eingriff vor, bei dem Teile des Geschlechts entfernt oder auf verschiedene Weise verändert wurden – vorzugsweise ohne Betäubung, damit man den Gedanken an sein Geschlecht mit Schmerzen verband.

Die Moderne

Etwa 1900–1930

Homosexuelle organisieren sich, Pornos und Verhütungsmittel finden Verbreitung, das Fach Sexologie wird geboren und die Menschen beginnen, die Grenzen der Geschlechterrollen auszutesten.

Nie zuvor lebten in den europäischen Städten so viele Menschen wie zu Beginn des 20. Jahrhunderts. Neue Technologien wie Straßenbahnen, Fahrräder und Straßenbeleuchtung machten es möglich, sich abends in Cafés, Tanzsälen, Kinos und Restaurants zu treffen.

Viele rebellierten gegen die Ansichten des 19. Jahrhunderts über Sex und Geschlechterrollen, die besagten, dass nur Menschen verschiedenen Geschlechts heiraten durften und bürgerliche Frauen zu Hause bleiben und Kinder gebären sollten.

Frauenwahlrecht

Während des Ersten Weltkriegs (1914-1918) begannen mehr Frauen außerhalb des eigenen Haushalts zu arbeiten, und viele wollten nach dem Krieg damit weitermachen. Immer mehr Menschen forderten für Frauen die gleichen Bürgerrechte wie für Männer, wie das Wahlrecht, das Recht, über eigenes Geld zu verfügen, und das Recht, zu heiraten und sich scheiden zu lassen. Sie wollten auch durch Verhütung und Abtreibung über den eigenen Körper bestimmen können. Aber viele andere, sowohl Frauen als auch Männer, waren dagegen.

Einige sagten, den Frauen, die das Wahlrecht einforderten, ginge es nur um Sex. Manche meinten, sie seien nicht an Sex mit Männern interessiert, weshalb etwas mit ihnen nicht stimmen könne. Und andere behaupteten, diese Frauen gehörten einem dritten Geschlecht an oder seien so hässlich, dass Männer keinen Sex mit ihnen haben wollten.

Man machte sich Sorgen darüber, was mit den Männern und der Männlichkeit passieren würde, wenn Frauen das Wahlrecht erhielten. Vielleicht würden alle Frauen homosexuell und die Männer nicht mehr gebraucht? Vielleicht würden ihre Körper zukünftig weniger Energie für die Schwangerschaft aufbringen — eine Bedrohung für die soziale Ordnung! Schließlich mussten ja Kinder geboren werden, damit es immer genug Arbeitskraft und Soldaten gab.

Berlin

In den 1920er Jahren entwickelte sich Berlin zum Zentrum der Sexualforschung. Hier befand sich das weltweit erste Institut, das sich ausschließlich mit Sexualwissenschaft oder Sexologie befasste, also der Erforschung von Sex und Sexualität. Viele Menschen, die nicht der Norm entsprachen, fühlten sich von Berlin und dem dortigen neuen und offenen Umgang mit Sex angezogen.

Magnus Hirschfeld (1868-1935), der das Institut in Berlin gründete, war auch Begründer der ersten Schwulenrechtsorganisation der Welt. Hirschfeld gab eine Zeitschrift für Sexualwissenschaft heraus und kämpfte für die Gleichberechtigung von Frauen und Männern sowie für das Recht auf Sexualerziehung und Verhütung. Hirschfeld war der Meinung, dass es viele verschiedene Sexualitäten gibt und dass das völlig natürlich ist.

Immer mehr Menschen hatten jetzt offen Liebesbeziehungen und Sex mit Menschen des gleichen Geschlechts. Clubs, Cafés, Organisationen und Zeitschriften speziell für sie und von ihnen entstanden, vor allem in Berlin, aber auch in anderen Städten. Menschen, die auf der Bühne mit Geschlechterrollen spielten, wurden berühmt. Wie Marlene Dietrich (1901-1992) und Claire Waldoff (1884-1957), die in ihren Auftritten und Liedern lesbische Beziehungen und Sex beschrieben. Viele begannen, ihre Stimme für die Rechte von Schwulen und Transgender zu erheben.

Marlene Dietrich

Claire Waldoff

Geschlechterrollen:

Eine Geschlechterrolle beschreibt das Benehmen, das von uns erwartet wird, je nachdem, ob wir als männlich oder weiblich angesehen werden.

Trans:

Trans bedeutet auf Lateinisch „auf der anderen Seite". Bei einer Transperson stimmt das bei der Geburt zugewiesene Geschlecht nicht mit der eigenen Geschlechtsidentität überein. Das Gegenteil ist eine Cis-Person. „Cis" stammt aus dem Lateinischen und bedeutet „diesseitig". Bei einer Cis-Person entspricht also das bei der Geburt zugewiesene Geschlecht ihrer eigenen Geschlechtsidentität.

Die Freundin wurde 1924 in Berlin gegründet und war die erste Zeitschrift, die sich an homosexuelle Frauen richtete. Sie enthielt Artikel, Kurzgeschichten und Meldungen, aber auch lesbische Kulturrezensionen, Kontaktanzeigen und Tipps, wo man andere Lesben treffen konnte. Ähnliche Zeitschriften gab es auch für schwule Männer und Transpersonen.

Pornografie für alle

Das Wort „Pornografie" setzt sich aus den griechischen Wörtern *porno* (Prostituierte) und *grafi* (schreiben) zusammen und wurde im 19. Jahrhundert von bürgerlichen Männern für Bilder von nackten Menschen oder Menschen beim Sex verwendet. Was unter Pornografie genau zu verstehen ist, war damals nicht ganz klar und ist es auch heute noch nicht. Aber Zielgruppe für Pornografie waren vor allem wohlhabende Männer. Als in den 1820er Jahren die Fotografie erfunden wurde, fotografierte man sofort nackte Körper und Menschen beim Sex. Im späten 19. Jahrhundert kam der Film auf, und sogleich wurden Filme mit nackten Menschen und von Menschen beim Sex gedreht.

Als die Pornografie zu Beginn des 20. Jahrhunderts immer mehr Menschen erreichte, auch Arme, Frauen und Jugendliche, begann man sie als gesellschaftliches Problem zu betrachten und für gefährlich zu halten.

Mehrere Länder führten deshalb Pornografieverbote ein und die Polizei erhielt das Recht, pornografisches Material zu beschlagnahmen und zu vernichten. Es war allerdings schwierig zu entscheiden, was beschlagnahmt werden sollte. Manche Menschen empfanden auch klassische Gemälde und antike Darstellungen nackter Körper als pornografisch, während andere widersprachen. In einigen Filmen kamen Menschen vor, die sich küssten — war das in Ordnung?

Viele Länder erließen Gesetze und Zensurvorschriften, die darüber entschieden, was gezeigt werden durfte und was nicht.

Zensur:

Zensur bedeutet, dass eine staatliche Behörde beispielsweise einen Film vor dem Kinostart darauf prüft, ob er etwas enthält, was das Publikum nicht sehen sollte. Das kann zum Verbot des Films führen oder dazu, dass als unanständig geltende Szenen entfernt werden.

Verhütungsmittel

Früh erkannten die Menschen, dass eine bestimmte Art von Sex häufig dazu führt, dass eine Frau schwanger wird. Von da an war es nicht mehr weit zu dem Versuch, Wege zu finden, um eine Schwangerschaft zu vermeiden. Als wir noch Sammler und Jäger waren, wurden neugeborene Babys manchmal im Wald „ausgesetzt“, das heißt, zum Sterben zurückgelassen. Das geschah auch später in der Geschichte noch.

Schon früh versuchte man zu verhindern, dass Spermien in die Vagina eindrangen. Eine Methode war der so genannte unterbrochene Geschlechtsverkehr *(Coitus interruptus)*, bei dem der Penis nicht in der Vagina zum Samenerguss kommt, sondern außerhalb. Wie viele andere Methoden war auch der unterbrochene Geschlechtsverkehr sehr unsicher und konnte dennoch zu einer Schwangerschaft führen.

Obwohl die Kirche und Machthabenden oft versuchten, sämtlichen Sex zu verbieten, der nicht der Zeugung von Kindern diente (einschließlich unterbrochenen Geschlechtsverkehr), verbreiteten sich verschiedene Arten der Empfängnisverhütung — eine einfallsreicher als die andere. In einem Buch über Frauenheilkunde aus dem 12. Jahrhundert werden folgende Methoden empfohlen, um eine Schwangerschaft zu vermeiden: Die Frau solle die Hoden eines Wiesels an die Brust halten oder die Gebärmutter einer Ziege, die noch nie Junge hatte, gegen ihre Haut drücken. Im Laufe der Geschichte wurde auch Objekten magische oder medizinische Eigenschaften zur Schwangerschaftsverhütung zugeschrieben: Knochen von schwarzen Katzen, Hasenschwänze, Amulette mit Menstruationsblut und verschiedene Kräuter.

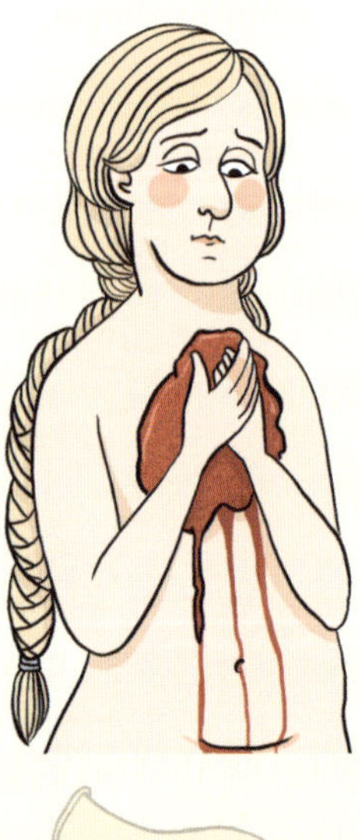

Die einzigen sicheren Verhütungsmethoden waren lange Zeit Diaphragmen und Kondome. Außerdem schützt nur das Kondom vor Geschlechtskrankheiten, wie sich im 20. Jahrhundert herausstellte.

Diaphragma / Pessar

Damit sich Spermien und Eizellen in der Vagina treffen und einen Fötus bilden können, müssen die Spermien durch den Gebärmutterhals. Etwas in die Scheide einzuführen, das den Gebärmutterhals abdeckt, ist daher eine seit Jahrtausenden angewandte Verhütungsmethode. Dabei konnte es sich um ölgetränkte Stoffstücke oder Papiertüten, ausgehöhlte Zitronenhälften oder verschiedene Klebstoffe wie zum Beispiel Honig handeln. Im 19. Jahrhundert begannen Ärzte, speziell geformte Pessare herzustellen, aber erst im 20. Jahrhundert waren sie so stabil, dass man sie sicher anwenden konnte.

Kondome

Ursprünglich dienten auf den Penis gestülpte Kondome in der Renaissance vor allem der Behandlung von Männern, die sich mit Syphilis infiziert hatten. Ein Stoffschlauch wurde mit Gift getränkt und dann mit einem Band um den Penis geschnürt. Er sollte nicht beim Sex getragen werden, sondern den schmerzhaften Ausschlag auf dem Penis lindern.

Der Gebrauch von Kondomen beim Sex und zur Vermeidung von Schwangerschaften kam im 18. Jahrhundert auf. Sie wurden beispielsweise aus Tierdärmen hergestellt, die an einem Ende zusammengebunden oder -genäht waren. Kondome wurden mehrfach benutzt. Zwischen den Einsätzen ließ man sie trocknen und vor dem erneuten Tragen wurden sie eingeweicht. Sie waren oft teuer und manchmal mit Bildern verziert.

Das erste Gummikondom stammt aus der Mitte des 19. Jahrhunderts und war so dick wie ein Gummischlauch. Mit der Zeit wurden die Kondome immer dünner, und seit dem 20. Jahrhundert werden sie für den einmaligen Gebrauch hergestellt, obwohl der Verkauf von Verhütungsmitteln damals in den meisten europäischen Ländern verboten war.

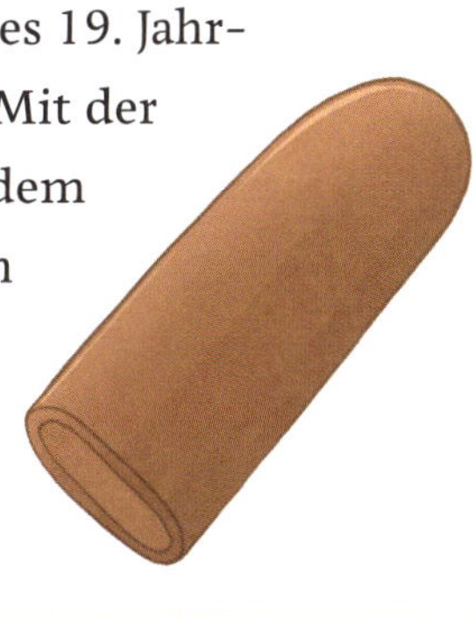

Abtreibung

Die Forschung geht davon aus, dass es schon vor Beginn der geschichtlichen Aufzeichnung Möglichkeiten gab, Schwangerschaftsabbrüche durchzuführen. In europäischen Texten aus der Antike werden verschiedene Abtreibungsmethoden aufgezählt, sowohl durch chirurgische Eingriffe als auch mit verschiedenen Kräutern. Im Mittelalter und noch lange Zeit danach war Abtreibung verboten, aber die Frauen hielten sich nicht daran.

Wenn Ärzte schwangeren Frauen rieten, zum Schutz ihrer ungeborenen Kinder nicht auf steinigen Wegen zu fahren, die Arme nicht über den Kopf zu heben, keine schweren Gegenstände zu tragen und nicht auf- und abzuspringen, taten viele genau das — um eine Fehlgeburt herbeizuführen.

Gerüchte über neue Abtreibungsmethoden verbreiteten sich schnell durch Mundpropaganda. Im 19. Jahrhundert kam zum Beispiel die Idee auf, Phosphor zu essen — ein Gift, das in Streichhölzern verarbeitet wird. Diese Methode war so verbreitet und führte bei so vielen Frauen zum Tode, dass Phosphorstreichhölzer verboten wurden.

Mit der Entwicklung der Chirurgie und der Medizinwissenschaft im 19. Jahrhundert wurden Abtreibungen sicherer. Das Problem war, dass Abtreibung in vielen Ländern immer noch gesetzlich verboten war. Diejenigen, die eine Abtreibung machten, konnten also schwer bestraft werden.

Einige Ärzte führten sie trotz Verbot heimlich durch. Aber Frauen, die sich das nicht leisten konnten, waren gezwungen, Abtreibungen von weniger qualifizierten Personen vornehmen zu lassen. Von ihnen waren viele gut, aber einige witterten Geld und führten Abtreibungen durch, obwohl sie nicht für die Gesundheit der Frauen garantieren konnten. Viele Frauen starben dabei oder wurden verletzt.

Das Präventivmittel-Gesetz

Gegen Ende des 19. Jahrhunderts wurde immer mehr über Empfängnisverhütung diskutiert. Befürworterinnen und Befürworter der Empfängnisverhütung legten Wert darauf, dass zu einer Ehe nicht nur Kinder gehören sollten, sondern auch lustvoller Sex. Andere fanden es wichtig, dass Familien die Anzahl der Kinder an das Einkommen anpassen könnten oder dass Frauen das Recht hätten, selbst zu entscheiden, wie viele Kinder sie haben wollten.

In den 1910er und 1920er Jahren gab es immer mehr Bücher, Diskussionen und Informationsmaterial über Verhütung. Zu den Menschen, die sich damit befassten, gehörten Henrik „Hinke" Bergegren (1861-1936) in Schweden, Helene Stöcker (1869-1943) in Deutschland und Marie Stopes (1880-1958) in England.

Elise Ottesen-Jensen (1886-1973) verteilte auf ihren Informationsveranstaltungen in ganz Schweden Diaphragmen an Interessierte. Sie war auch maßgeblich an der Gründung des Schwedischen Nationalverbands für Sexualerziehung (RFSU) beteiligt, der sich an dem 1921 von Magnus Hirschfeld gegründeten internationalen Netzwerk „Weltliga für Sexualreform" orientierte.

Die Gegnerinnen und Gegner der Empfängnisverhütung argumentierten, dass sie gegen die Kirche und das Wort Gottes verstoße und Sex außerhalb der Ehe erleichtere. Andere fanden, dass mehr Kinder geboren werden müssten, weil Arbeitskräfte und Soldaten gebraucht würden, insbesondere nach den Millionen Toten im Ersten Weltkrieg (1914-1918). In mehreren Ländern wurden Gesetze erlassen, die den Verkauf von Verhütungsmitteln und die Information darüber verboten.

Diese Gesetze blieben verschieden lange in Kraft und hatten unterschiedliche Auswirkungen. In den 1930er Jahren sprach man nicht nur mehr über die Wichtigkeit, die Anzahl der Geburten zu regulieren. Man wollte auch darüber entscheiden, welche Art von Menschen geboren werden.

„Erbgesundheitspolitik"

ca. 1930–1960

Die Gesellschaft will festlegen, wer mit wem Kinder bekommt, die Nazis verleihen Orden an Frauen, die viele „arische" Kinder zur Welt bringen, und manche Menschen werden zwangssterilisiert.

Wie wir gesehen haben, begannen sich die bürgerlichen Vorstellungen darüber, wie Männer und Frauen zu sein hatten, zu Beginn des 20. Jahrhunderts zu lockern. In den 1920er Jahren erhielten in ganz Europa immer mehr Frauen das Wahlrecht, das Recht auf Scheidung und das Recht auf Information über Sex. In der Werbung und im Kino waren öfter nackte Menschen zu sehen, Homosexuelle kämpften für ihre Rechte und man hatte Sex außerhalb der Ehe.

All dies beunruhigte jedoch einige Menschen, denen die ganze Sache zu weit ging.

Rassenlehre

In den 1920er Jahren sprach man immer mehr von Menschenrassen, Rassenlehre und Rassenhygiene.

Schon im 18. Jahrhundert hatten Wissenschaftler Menschen in sogenannte Rassen eingeteilt und behauptet, dass Personen mit unterschiedlichem Aussehen zu verschiedenen Rassen gehörten und daher unterschiedliche Eigenschaften hätten.

Sie waren oft der Meinung, dass ihre eigene Rasse, also die weiße europäische Rasse, den anderen überlegen sei. Daraufhin setzten sich im 20. Jahrhundert viele Menschen dafür ein, die Entwicklung der weißen Rasse zu steuern und sie durch gezielte Züchtung zu verbessern. Sie wurde als „arische Rasse" bezeichnet und galt als die allerbeste.

Der Mythos der arischen Rasse behauptet, dass blonde, blauäugige und hellhäutige Menschen allen anderen überlegen seien.

Ein Problem für diese Forscher war, dass es Menschen gab, die zwar „arisch" aussahen, aber trotzdem in ihren Augen nicht gut genug waren. Das konnten etwa kranke Menschen sein, aber auch solche, die sich zu sehr für Sex interessierten, oder Transpersonen und Homosexuelle.

Viele waren der Meinung, dass diese Menschen daran gehindert werden sollten, Kinder zu bekommen und ihre Gene weiterzugeben. Dies wurde unter anderem durch Sterilisation gemacht, einer Operation, durch die Menschen zeugungsunfähig werden. Einige der Personen, die für das Recht auf Empfängnisverhütung kämpften, taten es aus genau diesem Grund: Sie wollten, dass von einer bestimmten Art Menschen, deren Erbgut sie für schlecht hielten, weniger geboren werden sollten. Dies wurde Rassenhygiene oder Eugenik genannt. Das Thema beschäftigte viele Menschen in Europa, wie zum Beispiel auch in Schweden, wo 1922 ein spezielles Institut für Rassenhygiene und -biologie gegründet wurde. Die Gesellschaft wollte mit verschiedenen Mitteln versuchen, die Entwicklung der „arischen Rasse" zu steuern.

Diktatur

Rassenbiologische Ideen verbreiteten sich, und viele einflussreiche Persönlichkeiten wollten die Möglichkeiten der Menschen beschränken, Sex und Kinder zu haben.

So auch der Nationalsozialist Adolf Hitler (1889-1945), der 1933 in Deutschland die Macht übernahm. Er und seine Partei waren begeisterte Anhänger der Rassentheorie und als eine ihrer ersten Aktionen schlossen sie das Hirschfeld-Institut. Sie verbrannten alle dortigen Bücher und Forschungsunterlagen. Einige derjenigen, die sich in den 1920er Jahren für die Rechte von Homosexuellen eingesetzt hatten, wurden festgenommen und gefoltert, während andere aus Deutschland flohen.

Die Nationalsozialisten führten Gesetze ein, die es den Menschen der angeblich verschiedenen Rassen verboten, miteinander Sex zu haben. So glaubten die Nazis beispielsweise, dass Jüdinnen und Juden einer minderwertigen Rasse angehörten, und drängten daher jüdische Frauen zur Empfängnisverhütung, damit weniger jüdische Kinder geboren würden.

Nationalsozialismus:

Der Nationalsozialismus ist eine politische Ideologie, die auf der rassistischen Überzeugung beruht, dass es verschiedene menschliche Rassen gibt und dass einige besser sind als andere.

Andererseits wollten die Nazis, dass Frauen der arischen Rasse so viele Kinder wie möglich bekommen sollten, und verboten ihnen Verhütungsmittel und Abtreibungen.

Frauen erhielten einen Orden und durften sich Geld von der Bank leihen, wenn sie viele „arische" Kinder zur Welt brachten. Es gab auch ein spezielles Fortpflanzungsprogramm, bei dem „arische" Frauen mit Nazi-Soldaten Sex haben sollten, um schwanger zu werden. Aber es ist nicht klar, wie weit sie mit diesen Plänen tatsächlich kamen.

Mit der Zeit steigerte sich die Gewalt der Nazis und sie begannen, Menschen zu töten, die sie als minderwertig ansahen. Wer einer falschen Rasse oder dem falschen Glauben angehörte, die falsche Sexualität oder politische Überzeugung hatte, wurde in Vernichtungslagern getötet. Das betraf vor allem Jüdinnen und Juden sowie Sinti und Roma, aber auch Homosexuelle, Menschen mit Behinderungen oder solche, die gegen die Nazis waren.

Dies dauerte bis zum Ende des Zweiten Weltkriegs im Jahr 1945, als Deutschland besiegt wurde und die Nazis die Macht verloren.

Nach dem Krieg

Trotz des Endes des Zweiten Weltkriegs und der Niederlage Hitlers hielten sich viele Länder weiterhin an die Rassenlehre, indem sie unter anderem Menschen gegen ihren Willen sterilisierten. In Schweden wurden viele Frauen, die als zu sehr an Sex interessiert galten, psychisch Kranke, Transpersonen und Menschen mit Behinderungen noch lange nach dem Ende des Zweiten Weltkriegs zwangssterilisiert.

Homosexualität war in vielen Ländern noch immer gesetzlich verboten. Menschen, die Sex mit Menschen des gleichen Geschlechts hatten, wurden ins Gefängnis gesteckt. Als Ideal galt immer noch, dass Frauen bis zur Heirat jungfräulich blieben und dann Hausfrauen wurden, während Männer arbeiteten und am gesellschaftlichen Leben teilnahmen.

Amerikanische Einflüsse

Nach dem Zweiten Weltkrieg verstärkten sich die amerikanischen Einflüsse in Europa. Unter anderem wurden junge Menschen immer öfter als eigene Gruppe wahrgenommen, mit besonderen, etwas gefährlichen, Verhaltensweisen.

Sie pflegten angeblich einen entspannten Umgang mit Sex und Beziehungen. Sie tanzten eng umschlungen neue, moderne Tänze. Jugendliche trafen sich ohne Erwachsene, kleideten sich anders, gingen ins Kino und hörten Musik.

Junge Leute mit Auto galten als besonders schlimm. Darin konnten sie ihren Eltern davonfahren und Sex haben. Für viele Erwachsene war das ein großes Problem.

Die Kinsey-Reports

In den 1950er Jahren veröffentlichten der amerikanische Wissenschaftler Alfred Kinsey (1894–1956) und sein Team Studien über das Sexualverhalten der Menschen in den USA. Die sogenannten „Kinsey-Reports" zeigten, dass die Menschen sich oft gar nicht an die Sex-Tabus und -Normen hielten. Viele hatten Sex außerhalb der Ehe oder mit Menschen des gleichen Geschlechts, obwohl dies gesetzlich verboten war.

Sowohl Frauen als auch Männer masturbierten häufig, selbst wenn sie in einer Beziehung lebten. Die Kinsey-Reports hatten großen Einfluss darauf, wie die Menschen Sex hatten und wie sie über Sex dachten — auch in Europa und anderen Teilen der Welt.

Bisexuell:

Das Wort „bisexuell“ wird seit dem 19. Jahrhundert verwendet. Aber erst nach den Kinsey-Reports, ab der zweiten Hälfte des 20. Jahrhunderts, bezeichnet es Menschen, die sich unabhängig vom Geschlecht in einen anderen Menschen verlieben und/oder sich zu ihm sexuell hingezogen fühlen.

Pin-up:

Während des Zweiten Weltkriegs war es populär geworden, sich Bilder von Frauen in Bikinis an die Wand zu hängen. Das Wort „Pin-up“ kommt von dem englischen Wort für „aufhängen“, und es war wichtig, dass das Bild für alle deutlich sichtbar an der Wand hing. Den Trend hatten amerikanische Weltkriegssoldaten gestartet, und er wurde von der US-Armee befürwortet. Die Pin-up-Bilder waren zum Angucken gedacht, wurden aber auch als Zeichen dafür gesehen, dass der Soldat, der das Bild aufgehängt hatte, heterosexuell war. Er wollte also keinen Sex mit anderen Männern, obwohl die Soldaten so eng beisammen einquartiert waren.

Versuch einer sexuellen Befreiung

Etwa 1960 – 2000

Jeder soll mit jedem Sex haben und die Liebe ist frei, die Menschen rebellieren, die Pille wird eingeführt und Pornografie erlebt eine Blütezeit.

In den 1960er und 70er Jahren begannen viele erneut, die Kernfamilie und die Ehe zu kritisieren. Sie waren der Meinung, dass Menschen lieber das Leben genießen, Sex mit vielen verschiedenen Menschen haben und ihre Sexualität erkunden sollten. Es war angesagt, in einer Kommune zu wohnen, mehrere Sexualpartnerinnen und -partner zu haben und unverheiratet zusammenzuleben, was manche als *freie Liebe* bezeichneten. Es war die Rede von sexueller Befreiung.

Ein wichtiger Beitrag zur sexuellen Befreiung war die Entdeckung des Penicillins in den 1940er Jahren. Das Medikament konnte sexuell übertragbare Krankheiten wie Syphilis heilen. Außerdem ermöglichten neue Verhütungsmethoden wie die Pille und die Spirale Frauen sicheren Sex, ohne schwanger zu werden.

Die Pille:

Die Antibabypille, auch einfach „die Pille" genannt, wurde 1956 erfunden und anfangs als Mittel gegen Menstruationsbeschwerden vermarktet. Eine Nebenwirkung der Pille war allerdings, dass man damit fast unmöglich schwanger werden konnte. Sie konnte also auch als Verhütungsmittel eingesetzt werden. In vielen Ländern war sie verboten, in anderen war sie nur für verheiratete Frauen erlaubt. Doch mit der Zeit wurde sie in vielen Ländern gesetzlich zugelassen.

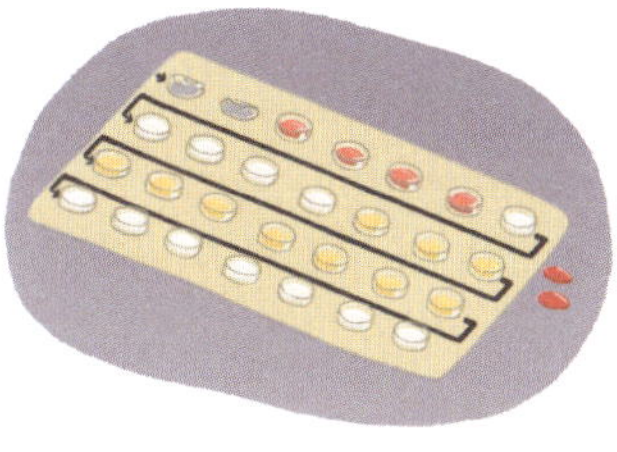

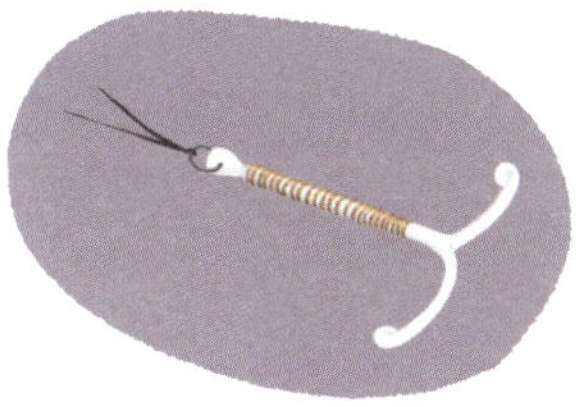

Spirale:

Eine Spirale wird in die Gebärmutter eingeführt und dient der Verhütung. Sie wurde Anfang des 20. Jahrhunderts erfunden, verbreitete sich aber erst in den 1960er Jahren als sicheres Verhütungsmittel, nachdem ein Wissenschaftler die Kupferspirale erfand. Er hatte nämlich entdeckt, dass Kupferdraht Spermien an der Bewegung hindert.

Frauen werden unterdrückt

Vielen Frauen wurde schnell klar, dass es bei dem Gerede über sexuelle Befreiung und freie Liebe vor allem um Männer ging. Es entstanden deshalb Frauenrechtsorganisationen, die sich besonders für Frauen einsetzten.

Einige waren der Meinung, dass die Sexualität der Frauen durch die vielen Sex-Gesetze und -Tabus unterdrückt wurde. Man organisierte Kurse, in denen Frauen sich selbst und ihren Körper entdecken konnten, indem sie zum Beispiel ihre Geschlechtsteile im Spiegel betrachteten.

Viele Frauen hatten keine Ahnung, wie ihr Geschlecht eigentlich aussah, denn man hatte ihnen beigebracht, dass die Vulva etwas Geheimes, Mysteriöses oder sogar Ekelhaftes sei.

Frauen wurden jetzt zur Selbstbefriedigung ermutigt. Doch obwohl inzwischen bewiesen war, dass Selbstbefriedigung in keiner Weise gefährlich ist, betrachteten viele sie immer noch als etwas Unakzeptables und Abstoßendes, weil sie es so gelernt hatten.

Die Forschung, die sich mit der westlichen Gesellschaft befasste, sprach immer öfter davon, dass die Unterdrückung der Frauen nicht selbstverständlich war. Es gab sie nur, weil die Gesellschaft ein Patriarchat war.

Patriarchat:
Ein Patriarchat ist eine Gesellschaft, in der Männer mehr zu sagen und mehr Geld und Macht haben als Frauen. Das Wort kommt aus dem Griechischen und bedeutet so viel wie „Vorherrschaft der Väter". Das Gegenteil davon ist das Matriarchat, in dem Frauen über Männer bestimmen und mehr Macht haben als sie.

Homosexuellenrechte

Sex mit Menschen des gleichen Geschlechts war in vielen Ländern immer noch gesetzlich verboten. Wer sich nicht daran hielt, wurde von der Polizei und anderen schikaniert.

Nach dem Zweiten Weltkrieg entstand eine Bewegung für die Rechte der Homosexuellen. Viele Menschen wehrten sich nun mit Protesten und Demonstrationen gegen die Unterdrückung. Aus diesen Aufständen entstanden ab den 1960er Jahren in ganz Europa und den USA Pride-Festivals (pride = englisch für Stolz).

Immer mehr Menschen lebten offen homosexuell und Prominente outeten sich als lesbisch oder schwul. Die Gesetze und Tabus, unter denen alle litten, die nicht der Norm entsprachen, wurden kritisiert

In Folge der Proteste entkriminalisierten einige Länder die Homosexualität in den 1970er Jahren. Dort konnte niemand mehr festgenommen oder zu einer Geldstrafe verurteilt werden, nur weil er Sex mit einem Menschen des gleichen Geschlechts hatte.

Andere Länder betrachteten Homosexualität jedoch weiterhin als krankhaft und sogar die Weltgesundheitsorganisation (WHO) stufte sie bis 1990 als Krankheit ein. Viele Länder führten Gesetze ein, damit in Schulen und in den Medien nicht mehr über Homosexualität informiert werden durfte. In manchen europäischen Ländern ist dies auch heute noch so.

Weg mit allen Tabus!

In den 1960er und 70er Jahren gehörte ein offenerer Umgang mit Sex einfach dazu, wenn man in der modernen Welt leben wollte.

Auch Kinder sollten besser über Sex informiert werden, daher erschienen in dieser Zeit viele Aufklärungsbücher für sie.

Ein paar Länder schafften das Abtreibungsverbot ab und die Sicht auf Homosexualität veränderte sich. Ehebruch war in vielen Ländern keine Straftat mehr und der Staat hörte auf, sich einzumischen, wenn jemand außerhalb der Ehe Sex hatte.

Einige Menschen glaubten, dass die Welt ohne Sex-Tabus ein besserer Ort wäre. Sie wollten alle Gesetze abschaffen, die den Menschen vorschrieben, wie sie ihre Sexualität ausleben sollten. Damit veränderte sich auch die Haltung zur Pornografie.

Das goldene Zeitalter der Pornografie

Viele Menschen wünschten sich das Ende der Zensur und die Freigabe der Pornografie. Sie waren gegen das Regulieren von sexuellem Verlangen.

Dänemark und Schweden waren die ersten Länder, die Pornografie gesetzlich freigaben (1969 und 1971). Somit war jede Art von Pornografie erlaubt und Sex durfte in Filmen und auf der Bühne gezeigt werden.

Spezielle Pornokinos eröffneten, in denen man sich Pornofilme ansehen konnte, und es erschienen viele pornografische Magazine. Clubs wurden aufgemacht, in denen man nackte Menschen und Menschen beim Sex beobachten konnte.

Die 1970er Jahre werden als das goldene Zeitalter der Pornografie bezeichnet. Statt etwas Verbotenes und Heimliches zu sein, wurden Pornos ab dieser Zeit massenhaft produziert und konsumiert. Filme, die wir heute als Pornos bezeichnen, wurden auch in normalen Kinos gezeigt und Pornografie war ein großer und sichtbarer Teil der Gesellschaft. Und auch Filme, die nicht als Pornos galten, zeigten immer öfter nackte Körper und Sex.

Die Anti-Porno-Bewegung

Aber nicht alle fanden die Freigabe von Pornografie gut. Fast zeitgleich mit der Legalisierung wurden Stimmen laut, die sie wieder verbieten wollten.

Zuerst kam von religiösen Gruppen die Forderung nach einem Verbot. Viele Christinnen und Christen waren noch immer der Meinung, dass Sex ausschließlich zwischen verheirateten Männern und Frauen stattfinden sollte. Sie befürchteten eine „Sexualisierung" der Gesellschaft.

Bald begannen auch Feministinnen gegen die Pornografie zu protestieren. Sie meinten, dass Pornos für Frauen erniedrigend seien, dass viele der Filme Vergewaltigungen zeigten und dass Frauen ausgebeutet würden, während Männer das Geld verdienten. Sie warnten davor, dass Pornos jungen Menschen vermittelten, dass es in Ordnung sei, den Körper von Frauen zu missbrauchen und auszubeuten.

Ein weiterer Kritikpunkt war, dass Pornos ohne jede Einschränkung fast alles zeigen konnten. Viele Produktionsfirmen der Pornobranche wollten vor allem viel Geld verdienen. Und so wurden die Grenzen dessen, was zu zeigen okay war, immer weiter nach hinten verschoben. Schließlich wurden Pornografiegesetze gemacht, mit denen einiges verboten wurde. Zum Beispiel Kinderpornografie, also Pornos, in denen Kinder sexualisiert dargestellt werden.

AIDS/HIV

Neben der Syphilis tauchten im Laufe der Geschichte noch viele andere sexuell übertragbare Krankheiten auf. Obwohl viele von ihnen schrecklich waren und sich zahlreiche Menschen ansteckten, war die AIDS- und HIV-Pandemie in den 1980er Jahren beispiellos. HIV (Humanes Immundefizienz-Virus) ist der Name eines Blutvirus. Die Krankheit, die durch eine Infektion mit diesem Virus ausgelöst wird, wurde AIDS *(acquired immunodeficiency syndrome* = englisch für erworbenes Immundefizienz-Syndrom) genannt. Man entdeckte, dass das Virus unter anderem durch Sex übertragen wurde. Und es stellte sich heraus, dass viele der Betroffenen schwule Männer waren, die ungeschützten Sex gehabt hatten.

Vielen Regierungen wurde vorgeworfen, sie würden die Krankheit ignorieren, weil sie hauptsächlich Homosexuelle betraf. Homosexuelle waren offenbar nicht besonders geachtet. Einige Stimmen behaupteten sogar, AIDS sei die Strafe Gottes für die freizügige Sexualität der 1970er Jahre. Manche Länder führten gesetzliche Verbote für Treffen von homosexuellen Männern ein. Diese waren jedoch völlig unwirksam.

Im Kampf gegen HIV funktionierte es besser, mehr Menschen zu Sex mit Kondom zu ermutigen, da Kondome vor dem Virus schützen. Und auch mehr Menschen dazu zu bringen, sich auf das Virus testen zu lassen. Aufklärung und Sozialarbeit erwiesen sich als viel wirksamer als Gesetze und Scham.

Seit Mitte der 1990er Jahre stehen Medikamente zur Verfügung, die verhindern, dass mit HIV infizierte Menschen an AIDS erkranken. Es gibt auch heute noch viele Tabus und Wissenslücken über HIV und AIDS, und Menschen mit dieser Krankheit werden weiterhin diskriminiert.

Normen, queeres Leben und das Internet

Von 1990 bis heute

Normen und Einvernehmlichkeit sind immer häufiger Thema und das Internet wird wichtig.

Es gab schon immer Menschen, die nicht den vorherrschenden Normen und Idealen entsprachen und die sich gegen sie auflehnten. Aber erst in den 1990er Jahren wurden diese ungeschriebenen Vorschriften überhaupt als Normen benannt. Auch wenn einige Normen im Zusammenhang mit Sex als positiv gelten, werden andere in Frage gestellt.

Bei vielen Normen geht es darum, wie Männer und Frauen zu sein haben. Von Frauen wird beispielsweise erwartet, dass sie nicht gern Pornos schauen, dass sie Sex mit Gefühlen verbinden und dass sie Vorspiel und romantische Filme mögen, in denen sich Menschen sanft berühren. Die weibliche Sexualität wird oft als etwas Zartes, Weiches und Schönes angesehen.

Vorspiel:
Der Teil eines Sexualakts, bevor ein Penis in eine Vagina eindringt, wird oft als Vorspiel bezeichnet – etwa, wenn Menschen miteinander knutschen, sich berühren und streicheln. Das Wort wird seit den 1920er Jahren verwendet und zeigt deutlich, dass wir Sex immer noch als etwas verstehen, das nur dann stattfindet, wenn ein Penis in eine Scheide eingeführt wird.

Die Normen im Zusammenhang mit Männern und Sex besagen, dass Männer Pornos mögen, dass sie immer Lust auf Sex haben und oft daran denken und dass für sie beim Sex nicht unbedingt Gefühle im Spiel sind. Ihre Sexualität gilt als etwas rauer und härter.

Viele machten sich dafür stark, dass wir diese Vorstellungen als Normen benennen, damit auch klarer wird, dass sie nicht immer zutreffen. Es legen zum Beispiel nicht alle Frauen Wert auf ein Vorspiel und nicht alle Männer mögen Pornografie.

Einvernehmen

In den letzten Jahren wurde viel darüber geredet, dass vor allem Frauen häufig Opfer von sexueller Belästigung werden. Das sind Worte und Handlungen, die sich in unangemessener Weise auf Sex beziehen.

#metoo:

Der Hashtag #metoo verbreitete sich 2017 in den sozialen Medien und ermutigte Frauen, über sexuelle Belästigung zu sprechen, um das Problem aufzudecken und in die Öffentlichkeit zu bringen.

Immer häufiger wird betont, wie wichtig es ist, dass alle Sexpartnerinnen und –partner dies auch wollen.

Das mag selbstverständlich klingen, aber es ist noch gar nicht so lange her, dass eine Ehefrau angeblich nicht von ihrem Mann vergewaltigt werden konnte. Er hatte ein Recht auf Sex, egal, ob sie wollte oder nicht. Erst 1965 verabschiedete Schweden als erstes Land der Welt ein Gesetz, das die Vergewaltigung in der Ehe für möglich und damit für verboten erklärte. Später folgten viele Länder diesem Beispiel, Deutschland im Jahr 1997.

Geschlechtsidentität und queer

Eine weitere Norm, die in Frage gestellt wird, ist die heterosexuelle Norm, bei der es als selbstverständlich gilt, dass Menschen heterosexuell sind. Es wird auch kritisiert, dass man in einer Zweierbeziehung leben, sich in eine einzige Person verlieben oder sich zu einer einzigen Person sexuell hingezogen fühlen soll. Sogar die Cis-Norm wird inzwischen in Frage gestellt. Diese Norm besagt, dass Menschen, die mit einer Vulva geboren werden, Frauen sind, und dass Menschen, die mit einem Penis geboren werden, Männer sind.

Heute wird immer häufiger von Geschlechtsidentität und Geschlechtsausdruck gesprochen. Bei der Geschlechtsidentität geht es darum, welchem Geschlecht man sich zugehörig fühlt, und beim Geschlechtsausdruck darum, wie diese Identität nach außen hin zum Ausdruck gebracht wird.

Aber auch wenn die Begriffe und Konzepte neu sind, darf man nicht vergessen, dass es schon immer Menschen gegeben hat, die gegen die Norm verstießen. Neu ist, dass wir auf diese Weise darüber sprechen.

Für Gruppen, die nicht unter die heterosexuellen und cisgender-Normen fallen, kam in den 2000er Jahren der Begriff LGBTQ auf: die Abkürzung für lesbisch, gay (engl. für schwul), bi, trans & queer.

Im Laufe der Zeit wurde der Begriff LGBTQ erweitert und wird manchmal LGBTQIA+ geschrieben, um auch intersexuelle Menschen (Menschen, die mit einem Körper geboren werden, der nicht den typischen Erwartungen an weiblich oder männlich entspricht), Asexuelle (Menschen, die kein Interesse an Sex haben) und andere einzuschließen.

Queer:

Queer ist ein weit gefasster Begriff, der seit Ende des 20. Jahrhunderts verwendet wird. Er umfasst sowohl Menschen, deren Beziehung zu Sex und Gender nicht der Norm entspricht, als auch die Infragestellung der Norm selbst.

Nichtbinär:
Das Wort „binär“ bedeutet zweiteilig. Wenn jemand nichtbinär ist, identifiziert er oder sie sich mit keiner der beiden Kategorien von männlich und weiblich. Wie „queer“ ist das Wort ein Oberbegriff für viele verschiedene Identitäten.

Internet

Seit den frühen 2000er Jahren ist das Internet zu einem selbstverständlichen Teil unserer Kultur geworden. Das Internet hat den Menschen geholfen, mit Gleichgesinnten in Kontakt zu kommen, um unter anderem Erfahrungen über Sex auszutauschen, sich zu treffen und Sex zu haben. Durch das Internet konnten die Menschen mehr über Sex erfahren und ihre Sexualität erkunden.

Es hat auch zur weiteren Verbreitung von Pornografie geführt. Heutzutage braucht man keine Pornokinos und Videotheken, die Pornofilme verleihen. Mit der technologischen Entwicklung ist es auch einfacher geworden, nackte Körper zu fotografieren und Menschen beim Sex zu filmen und das Material online zu stellen.

Da das Internet schwieriger zu regulieren ist als zum Beispiel eine Zeitung, kann sich auch illegales und anstößiges Material leichter verbreiten. Viele Menschen machen sich Sorgen, dass Kinder und Jugendliche durch das Internet leichter an Pornografie kommen und dass privates Material an Leute gelangt, für die es nicht bestimmt ist. Es ist auch einfacher geworden, sich im Kontakt mit Leuten als jemand anderes auszugeben, falsche Informationen zu verbreiten und eine andere Person sexuell auszunutzen oder zu missbrauchen.

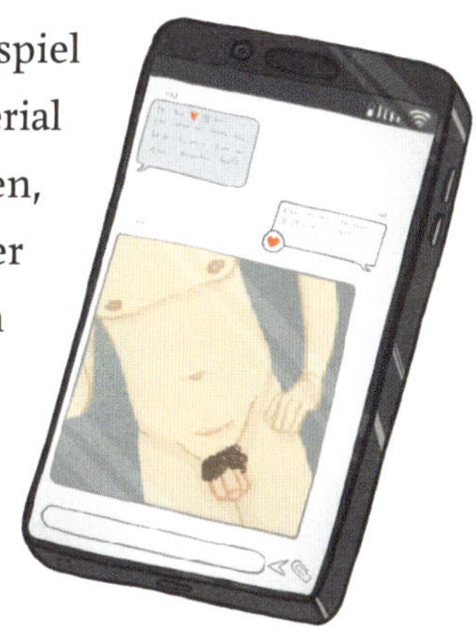

Und jetzt?

Wie dieses Buch zu zeigen versucht hat, war Sex nie nur etwas, was Menschen einfach tun. Wie wir über Sex dachten und denken, wird schon immer von unserem Blick auf Natur, Gesellschaft und uns selbst beeinflusst.

Unser Wissen über Sex hat sich nicht in einer Aufwärtskurve von Unterdrückung und Tabu hin zu Offenheit und Freiheit entwickelt. Eher ist es so, dass Dinge aufkamen und wieder verschwanden, sich veränderten, erneuerten oder auch ein Comeback erlebten. Sex ist etwas, das die Menschen schon immer beschäftigt, fasziniert und beeinflusst hat.

So gern wir auch glauben wollen, dass wir in unserem Handeln frei sind, können wir nicht leugnen, dass wir Teil einer Gesellschaft sind. Sie prägt uns und unsere Sicht auf alles, was Sex betrifft.

Wie wir über Sex reden und denken und wie wir Sex haben, können wir uns nicht einfach aussuchen, sondern hängt von unserer Umgebung ab und wie sie organisiert ist.

Ein Beispiel dafür ist, dass eine sexuelle Handlung wie Selbstbefriedigung zu unterschiedlichen Zeiten unterschiedlich behandelt wurde: Heute, wo individuelle Gesundheit im Vordergrund steht, werden die positiven Effekte der Selbstbefriedigung auf die Gesundheit hervorgehoben. Dies wirkt sich wiederum darauf aus, wie wir Selbstbefriedigung betrachten und darüber sprechen, und darauf, wie wir selbst masturbieren.

Im Laufe der Geschichte hatten die Reichen mehr Freiheiten als die Armen, und auch Männer und Frauen wurden unterschiedlich behandelt. Menschen, die Sex verkauften, wurden anders behandelt als solche, die das nicht taten. Und Menschen mit unterschiedlicher Hautfarbe oder Herkunft wurden in Bezug auf Sex und Sexualität unterschiedlich wahrgenommen.

Normen im Zusammenhang mit Sex entstehen durch Gesetze und Vorschriften, Kunst und Kultur, Religion und Politik. Aber auch dadurch, dass Menschen sich wehren, nicht einverstanden sind und versuchen, etwas zu ändern.

Wir können nicht wissen, was die Menschen der Zukunft an unserer Auffassung von Sex als typisch für die heutige Zeit hervorheben werden. Wir können aber sicher sein, dass viele der Dinge, die uns heute selbstverständlich erscheinen, in Zukunft belächelt werden, Entsetzen hervorrufen und in Frage gestellt werden. Was genau, wird nur die Zeit zeigen.

Weitere Bücher

Ich habe beim Schreiben dieses Buchs viele verschiedene Quellen benutzt. Wenn du mehr über Sex und Geschichte wissen möchtest, sind hier einige der Bücher, die ich verwendet habe:

Sex: Die ganze Geschichte von Kate Lister, btb Verlag, München, 2024.

Auf den Leib geschrieben: die Inszenierung der Geschlechter von der Antike bis Freud von Thomas Laqueur, Campus-Verlag, Frankfurt/Main, 1992.

Sexuality: an illustrated history von Sander L. Gilman, Wiley, New York, 1989.

Sexual knowledge, sexual science: the history of attitudes to sexuality von Roy Porter & Mikuláš Teich (red.), Cambridge Univ. Press, Cambridge, 1994.

The Routledge history of sex and the body: 1500 to the present von Sarah Toulalan & Kate Fisher (red.), Taylor & Francis, London, 2013.

Virgin: the untouched history von Hanne Blank, Bloomsbury USA, New York, 2007.

Western sexuality: practice and precept in past and present times von Philippe Ariès und André Béjin (red.), Blackwell, Oxford, 1985.

Mythen

Wie dieses Buch gezeigt hat, gibt es viele Mythen, wenn es um Sex und Geschichte geht: der Mythos vom Jungfernhäutchen, dass Masturbation schlecht sei und viele andere. Hier sind einige weit verbreitete Mythen, auf die ich bei der Arbeit an diesem Buch gestoßen bin.

Im Mittelalter gab es Keuschheitsgürtel

Wir wissen, dass Jungfräulichkeit im Mittelalter wichtig war und dass Frauen unter strenger Beobachtung standen. Aber dass ihre Ehemänner ihnen schwere Eisengürtel mit Schloss vor dem Geschlecht angelegt hätten, stimmt vermutlich nicht. Dieser Mythos wurde im 18. Jahrhundert verbreitet, als reiche Leute historische Gegenstände sammelten und (ebenso wie wir) zeigen wollten, dass die Menschen sexuell „damals" viel seltsamer drauf waren als sie selbst.

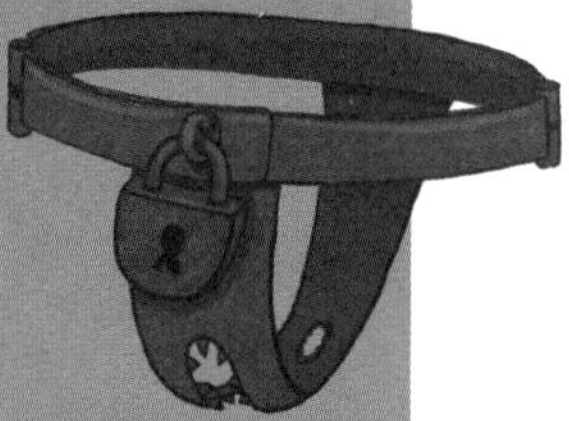

Sex vor dem Sportwettkampf ist schlecht

Dieser Mythos stammt wahrscheinlich aus dem späten 19. Jahrhundert, als Selbstbefriedigung als schlecht galt und Jungen ihre Männlichkeit durch Sport und Wettkämpfe beweisen sollten. Doch erst 2016 wurde nachgewiesen, dass der Orgasmus keinen Einfluss auf die sportliche Leistungsfähigkeit hat.

Der Vibrator wurde im 19. Jahrhundert zur Behandlung von Hysterie erfunden

Ein heute weit verbreiteter Mythos besagt, dass Ärzte im späten 19. Jahrhundert den Vibrator erfanden, um Frauen durch Orgasmen von Hysterie zu heilen. Obwohl viele Ärzte verschiedene Arten der Massage zur Heilung von Krankheiten einsetzten, darunter auch eine Art Gebärmuttermassage, war der Orgasmus nicht das Ziel der Behandlung. Dass die ersten elektrischen Massagestäbe zur Selbstbefriedigung und nicht zur Gesichtsmassage (wie in der Werbung angepriesen) verwendet wurden, ist aber nicht ausgeschlossen.

Die Prostitution ist das älteste Gewerbe der Welt

1889 schrieb der Schriftsteller Rudyard Kipling (1865-1936), der später durch sein Buch *Das Dschungelbuch* berühmt wurde, eine Kurzgeschichte. In dieser bezeichnete er die Prostitution als das älteste Gewerbe der Welt. Es war eine erfundene Geschichte, aber der Mythos hielt sich hartnäckig. Wie bei so vielen anderen Dingen wurde behauptet, dass dessen langjährige Existenz ein Beweis für seine „Natürlichkeit" sei. Wie lange es die Prostitution tatsächlich schon gibt, ist unklar.

MIX
Papier | Fördert gute Waldnutzung
FSC® C002795

Die Originalausgabe erschien unter dem Titel *Sex. En historisk resa*

Original publisher: Bokförlaget Opal AB, Stockholm

Die Übersetzung wurde gefördert durch das Swedish Arts Council.
Der Verlag bedankt sich.

Für die deutschsprachige Ausgabe:
1. Auflage 2023
Klett Kinderbuch, Leipzig

Satz & Layout: Florian v. Wissel, hoop-de-la design, Köln
Druck und Bindung: Livonia Print, Riga
Printed in Latvia
ISBN 978-3-95470-295-4

www.klett-kinderbuch.de